资本深化与技术创新协同推进产业结构升级研究

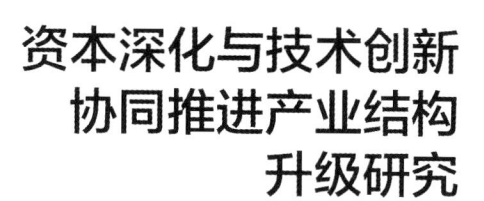

刘文琦 ◎ 著

RESEARCH ON CAPITAL DEEPENING AND
TECHNOLOGICAL INNOVATION SYNERGY TO
PROMOTE THE UPGRADING OF INDUSTRIAL STRUCTURE

中国社会科学出版社

图书在版编目（CIP）数据

资本深化与技术创新协同推进产业结构升级研究 / 刘文琦著 . —北京：中国社会科学出版社，2020.11
ISBN 978 – 7 – 5203 – 7454 – 5

Ⅰ. ①资… Ⅱ. ①刘… Ⅲ. ①技术革新—关系—产业结构升级—研究—中国 Ⅳ. ①F121.3

中国版本图书馆 CIP 数据核字（2020）第 210090 号

出 版 人	赵剑英	
责任编辑	黄　晗	
责任校对	郝阳洋	
责任印制	王　超	

出　　版	中国社会科学出版社	
社　　址	北京鼓楼西大街甲 158 号	
邮　　编	100720	
网　　址	http://www.csspw.cn	
发 行 部	010 – 84083685	
门 市 部	010 – 84029450	
经　　销	新华书店及其他书店	
印　　刷	北京君升印刷有限公司	
装　　订	廊坊市广阳区广增装订厂	
版　　次	2020 年 11 月第 1 版	
印　　次	2020 年 11 月第 1 次印刷	
开　　本	710×1000　1/16	
印　　张	12.25	
字　　数	183 千字	
定　　价	69.00 元	

凡购买中国社会科学出版社图书，如有质量问题请与本社营销中心联系调换
电话：010 – 84083683
版权所有　侵权必究

摘　　要

产业结构升级是中国经济高质量发展的重要举措之一，在加快发展第三产业的战略引导下，中国产业结构已逐步从以第二产业为主导向第三产业转变。然而，产业间发展得不协调、技术水平相对落后、产能过剩、高端产业发展不足、能源利用率较低、环保意识不强等依旧是制约中国产业持续优化升级的瓶颈。随着城镇化、工业化进程的加快，中国正经历着资本加速形成与深化的过程。传统的"高投入、高污染、低效率、低技术含量、低附加值"的粗放型要素驱动发展模式难以为继，而技术创新及其所引致的技术进步则为产业结构升级和经济高质量发展提供了新的动能。因此，积极引导资本要素向高效率、高技术、清洁型企业和产业集聚，向技术研发部门流动，有利于发挥资本深化与技术创新的协同优势，促进企业技术进步，推动产业结构升级。

全书的主要研究内容及结论如下。

第一，资本深化与技术创新协同对产业结构升级的影响机理分析。通过梳理资本深化与技术创新的协同机理发现，资本适度深化才能发挥对技术创新的"补偿效应"，资本过度深化的"挤出效应"将不利于技术创新；通过资本深化、技术创新驱动产业结构升级的作用机理分析可知，技术创新与资本深化结合引致技术进步，可以克服单纯依赖资本深化时的缺陷，对产业结构合理化、高度化和绿色化发展均起到更好的助推作用。

第二，资本深化与技术创新的协同性及其测度分析。采用永续盘存法对全国及省域1978—2017年的资本存量进行估算及分析；从研发投入、企业技术创新、技术转移、创新成果四个方面构建区域技术创新水平的指标评价体系，并采用熵权法计算各省域2006—2017年技术创新水平综合指数；在此基础上从耦合协调和联动共生两方面分别测算省域层面和企业层面资本深化和技术创新水平的耦合协调度和交互项，从而评价二者的协同作用。

第三，资本深化与技术创新协同推进产业结构升级——微观层面的实证检验。利用中国上市企业2011—2017年的面板数据，采用门槛面板回归模型发现微观层面资本深化与技术创新协同促进企业技术进步存在资本深化程度的门槛效应，资本深化程度不足和过度都会阻碍二者协同对企业技术进步的促进作用。进一步地，构建中介效应模型验证了企业技术进步在资本深化与技术创新协同推进产业结构升级过程中的中介作用。

第四，资本深化与技术创新协同推进产业结构升级——宏观层面的实证检验。在对中国省域产业结构合理化、高度化、绿色化和产业结构升级综合指数进行测度和对比的基础上，建立资本深化与技术创新协同对产业结构升级影响的动态面板数据模型，系统GMM估计结果显示：资本深化与技术创新的协调联动对产业结构的合理化、高度化和绿色化及整体升级水平均起到了显著的促进作用。在进一步的区域对比分析中发现，资本深化与技术创新的协调联动性对产业结构升级的积极影响普遍在东、中部地区更为显著，在西部地区甚至出现负相关现象。

第五，资本深化与技术创新协同促进产业结构升级的政策建议。从政府层面提供三方面政策参考：保障资本深化与技术创新作用机制的畅通与步伐协调，引导产业绿色化发展，优化资源在区域间的配置；从企业层面提出两方面建议：控制资本深化规模、转变资本深化方式，建立技术创新长效机制，实现企业技术进步。

本书的主要贡献和创新如下：（1）突破单纯研究资本深化与产业结构、技术创新与产业结构两两关系的逻辑视角，运用系统思维将资本深化、技术创新与产业结构升级置于同一研究框架，从耦合协调和联动共生两个方面评价资本深化与技术创新的协同性，详细剖析了二者协同促进产业结构升级的微观和宏观机理。(2) 基于绿色发展理念对产业结构升级的内涵进行延伸,在传统合理化和高度化的研究范畴中加入绿色化。从能源消耗、污染排放和环保治理三方面构建产业结构绿色化指标评价体系,并采用熵权法测算全国和各省域绿色化综合指数。(3) 将门槛模型与中介效应模型结合、动态面板模型(SYS-GMM估计)与静态面板模型结合,通过多种模型不同视角的实证研究发现,在微观层面资本深化与技术创新协同通过企业技术进步的中介效应对产业结构升级产生积极的影响,并存在最优的资本深化程度区间;在宏观层面资本深化与技术创新协同对产业结构升级的影响要优于二者单独作用所产生的效果。

关键词:资本深化;技术创新;技术进步;产业结构升级;协同

Abstract

The upgrading of industrial structure is one of the important measures for the high – quality development of China's economy. Under the strategic guidance of accelerating the development of the tertiary industry, China's industrial structure has gradually shifted from the secondary industry – oriented to the tertiary industry – oriented. However, the uncoordinated development of industry, relatively backward technology level, overcapacity, insufficient development of high – end industries, low energy utilization rate, and poor environmental awareness are still the bottlenecks that restrict the continuous optimization and upgrading of China's industry. At the same time, with the acceleration of urbanization and industrialization, China is experiencing the process of accelerated capital formation, that is, the process of capital deepening. The traditional extensive factor – driven development mode of "high – input, high – pollution, low – efficiency, low – tech, low – added – value" is unsustainable, while technological innovation and the technological progress it leads provide new kinetic energy for industrial structure upgrading and high – quality economic development. Therefore, actively guiding capital elements to high – efficiency, high – tech, clean – type enterprises and industries, and to flow to the technology research and development departments will help to bring into playing the synergistic advantages of capital deepening and technological innovation, promoting technological progress of enterprises and upgrading of industrial structure.

The main research contents and conclusions of this book are as follows.

Firstly, the mechanism analysis of capital deepening and technological innovation synergy affecting the upgrading of industrial structure. By sorting out the mechanism of capital deepening and technological innovation synergy, it is found that only the moderately deepening of capital can exert the "compensation effect" on technological innovation, the "crowding out effect" of excessive capital deepening will be detrimental to technological innovation; By analyzing the mechanism of capital deepening and technological innovation driving the upgrading of industrial structure, we can see that capital deepening and technological innovation synergy with technological progress can overcome the shortcomings of relying solely on capital deepening and play a better role in promoting the rationalization, supererogation and greenization of industrial structure.

Secondly, the synergy and its measurement analysis of capital deepening and technological innovation. This study estimates and analyses the capital stock of China's provinces from 1978 to 2017 by using the sustainable inventory method; constructs the index evaluation system of regional technological innovation level from four aspects: R&D investment, enterprise technological innovation, technology transfer and innovation achievements, and calculates the comprehensive index of technological innovation level of provinces from 2006 to 2017 by using the entropy weight method; on this basis, it calculates the coupling coordination degree and interaction term of capital deepening and technological innovation level at the provincial level and enterprise level from the aspects of coupling coordination and linkage symbiosis respectively, so as to evaluate the synergy between them.

Thirdly, capital deepening and technological innovation coordinate to promote the upgrading of industrial structure—the empirical test at the micro level. Based on the panel data of Listed Companies in China from 2011 to 2017, the threshold panel regression technology is used to find that at the micro level capital deepening and technological innovation synergy have significant threshold effect on technological progress of enterprises, the insufficient and excessive degree of capital deepening will hinder the synergistic promotion of technological progress of enterprises. Furthermore, the intermediary effect model is constructed to verify the intermediary role of technological progress in the process of capital deepening and technological innovation synergy promoting industrial structure upgrading.

Fourthly, capital deepening and technological innovation coordinate to promote the upgrading of industrial structure—the empirical test at the macro level. On the basis of measuring and comparing the rationalization, supererogation, greenization of provincial industrial structure and the comprehensive index of industrial structure upgrading, a dynamic panel data model of the impact of capital deepening and technological innovation synergy on industrial structure upgrading is established, the results of system GMM estimation show that the coordination and symbiosis between capital deepening and technological innovation has played a significant role in promoting the rationalization, supererogation, greenization and overall upgrading of the industrial structure. In the further regional comparative analysis, it is found that the positive impact of the coordinated symbiosis of capital deepening and technological innovation on the upgrading of industrial structure is generally more significant in the eastern and central regions, and even negative correlation appears in the western regions.

Fifthly, the policy suggestions of capital deepening and technological innovation synergy to promote the upgrading of industrial structure. Three policy references are provided from the government level: to ensure the smooth and pace synergy of the mechanism of capital deepening and technological innovation, to guide the green development of industry, and to optimize the allocation of resources among regions; and another two suggestions are put forward from the enterprise level: to control the scale of capital deepening, to change the way of capital deepening, and to establish a long-term mechanism for technological innovation to realize technological progress of enterprises.

The main contributions and innovations of this study are as follows: (1) Breaking through the logical perspective of studying the relationship between capital deepening and industrial structure, technological innovation and industrial structure, using systematic thinking to put capital deepening, technological innovation and upgrading of industrial structure in the same research framework, the study evaluates capital deepening and technological innovation synergy from two aspects of coupling coordination and linkage symbiosis, and analyses in detail the micro and macro mechanism of synergy between them to promote industrial structure upgrading. (2) Based on the concept of green development, the connotation of industrial structure upgrading has been extended, and the greenization has been added to the traditional rationalization and supererogation research areas. From three aspects of energy consumption, pollution emission and environmental protection, the evaluation system of industrial structure greening index is constructed, and the comprehensive green index of the whole country and provinces is calculated by entropy weight method. (3) Combining threshold model with intermediary effect model, dynamic panel model (SYS – GMM estimation) and static panel model, through the empirical study of various models from different perspectives, we find that the capital deepening and technological innovation synergy at the micro level has a positive impact on the upgrading of industrial structure through intermediary effect of technological progress, and there exists an optimal range of capital deepening degree; and at the macro level the synergistic effect of capital deepening and technological innovation on industrial structure upgrading is better than that of the single influence.

Key Words: capital deepening; technological innovation; technological progress; upgrading of industrial structure; synergy

目　　录

第一章　绪论 …………………………………………………（1）
　　第一节　研究背景 ………………………………………（1）
　　第二节　研究意义 ………………………………………（3）
　　第三节　研究目标、思路与研究内容 …………………（4）
　　第四节　研究方法和技术路线 …………………………（6）
　　第五节　主要创新 ………………………………………（9）

第二章　基本概念界定与文献综述 …………………………（10）
　　第一节　概念界定 ………………………………………（10）
　　第二节　文献综述 ………………………………………（15）
　　第三节　研究评述 ………………………………………（29）
　　第四节　本章小结 ………………………………………（32）

第三章　资本深化与技术创新协同推进产业结构升级的机理分析 …………………………………………………（33）
　　第一节　理论基础 ………………………………………（33）
　　第二节　资本深化与技术创新协同的机理分析 ………（36）
　　第三节　资本深化与技术创新协同推进产业结构升级的微观机理 ……………………………………………（38）
　　第四节　资本深化与技术创新协同推进产业结构升级的宏观机理 ……………………………………………（41）

第五节　资本深化、技术创新与产业结构升级的反馈
　　　　　　环基模分析 …………………………………………（48）
　　　第六节　本章小结 ……………………………………………（53）

第四章　资本深化与技术创新协同及其测度分析 ………………（55）
　　　第一节　全国及各省域资本存量水平的再测算 ……………（55）
　　　第二节　省域技术创新水平的测度及评价 …………………（62）
　　　第三节　资本深化与技术创新协同的测度与评价 …………（65）
　　　第四节　本章小结 ……………………………………………（74）

第五章　资本深化与技术创新协同推进产业结构升级
　　　　　——微观层面的实证检验 …………………………………（75）
　　　第一节　资本深化的门槛效应检验 …………………………（75）
　　　第二节　企业技术进步的中介效应检验 ……………………（89）
　　　第三节　本章小结 ……………………………………………（99）

第六章　资本深化与技术创新协同推进产业结构升级
　　　　　——宏观层面的实证检验 ………………………………（101）
　　　第一节　全国及省域产业结构升级的测度与分析 …………（101）
　　　第二节　省域资本深化与技术创新协同对产业结构升级
　　　　　　　影响的实证检验 …………………………………（111）
　　　第三节　东、中、西部地区间的对比与分析 ………………（126）
　　　第四节　本章小结 ……………………………………………（134）

第七章　结论、建议与展望 ………………………………………（136）
　　　第一节　主要结论 ……………………………………………（136）
　　　第二节　资本深化与技术创新协同推进产业结构升级的
　　　　　　　政策建议 ……………………………………………（139）
　　　第三节　不足之处与研究展望 ………………………………（144）

附录一 省域资本深化与技术创新耦合协调度的测算 …………（146）
附录二 样本公司所在行业绿色升级指标测算结果 ……………（159）
附录三 省域产业结构合理化、高度化、绿色化水平
测算结果 ……………………………………………（163）

参考文献 ………………………………………………………（169）

后　记 …………………………………………………………（182）

第一章

绪　　论

第一节　研究背景

一　中国产业结构升级的现状及问题

产业结构升级是中国经济高质量发展的重要举措之一,是确保经济长期稳定增长的必要条件。随着经济的发展,各产业部门的产出和就业份额也在不断发生变化,第一产业在国民经济中所占的比重不断减小,产业重心向第二、第三产业转移。在中国的 GDP 中,第一、第二、第三产业所占比重分别从 1978 年的 28.2%、47.9% 和 23.9% 转变为 2018 年的 7.2%、40.7% 和 52.2%,2018 年第三产业增加值比 1978 年实际增长 51 倍,年均增长 10.4%。表明中国产业结构已逐步从以第二产业为主导向第三产业转变。然而,产业结构升级不是简单的第三产业比重提高,我们也要看到产业发展过程中存在的突出问题,比如产业间发展得不协调,钢铁、水泥等诸多产业产能过剩,产业集聚低端化、高端产业发展不足,部分产业效率低下等依旧是制约中国产业持续优化升级的瓶颈。

尤其重要的是,由于技术水平相对落后、环保意识不强、能源利用率较低、对非清洁能源的无节制消耗等现象的存在,在片面追求经济效益的同时不可避免造成了环境的严重污染。据统计,中国 GDP 占全球的 15% 左右,而煤、铁、铝等的消耗占世界的近 50%,每年因为环境污染造成的经济损失高达540亿美元，环境生态恶化所导致的自然灾害和治理成本约占国民经济产值的5%。可见，资源破坏、能源紧张和环境污染等问题将制约社会的进步和经济的高质量发展。为此，自党的十八大以来，就把生态文明建设作为统筹推进"五位一体"总体布局和协调推进"四个全面"战略布局的重要内容，全面推行绿色发展。因此，在产业结构升级的深层次含义中，除了包括协调产业间的资源配置，加快发展第三产业等内容外，还应重视经济效率与生态效率的共同提升，培育环境友好、技术含量高、附加值高的战略性新兴产业，加快淘汰过剩产能和落后产业、污染密集型产业，这既是中国转变经济增长方式、提高经济增长质量的必然选择，也是解决中国经济结构性矛盾的关键举措。

二 资本深化与技术创新协同的提出

随着城镇化、工业化进程的加快，中国正经历着资本加速形成和深化的过程。有学者认为我国已处于"资本过度深化"阶段，如果技术不进步的话，资本边际报酬递减将阻碍要素驱动型经济的持续增长。事实上，劳动力成本的上升、金融资源配置失效等因素是造成资本持续驱逐劳动的主要原因，产业增长过度依赖物质资本投入，低效率投资和重复建设导致部分行业出现了较为严重的产能过剩问题，引发了能源及环境危机。因此，传统的"高投入、高污染、高能耗、低效率"粗放型要素驱动发展模式难以为继，必须加快步伐向集约型、创新驱动型发展方式转变，为经济可持续发展和迈上更高的台阶提供新的动力。

"创新是引领发展的第一动力，是建设现代化经济体系的战略支撑。"党的十九大报告明确指出，"创新驱动发展战略大力实施，创新型国家建设成果丰硕。" 2018年我国研究与试验发展经费支出达到19657亿元，研发经费投入强度2.18%，超过欧盟15国的平均水平，全年境内外专利申请比上年增长16.9%，授予专利权增长33.3%。[①]

[①] 数据来源于国家统计局发布的《2018年国民经济和社会发展统计公报》，中国产业经济信息网（http://www.cinic.org.cn/xw/tjsj/516938.html）。

要促进经济高质量发展，实现产业升级和高端化目标的根本路径在于技术创新及其所引致的技术进步。尽管中国技术创新投入总量持续增长，但投入强度依旧不高，创新投入与产出的效率不容乐观。2018年7月，习近平在主持中央财经委员会第二次会议时指出"我国关键核心技术创新水平同国际先进水平相比还有很大差距"[①]，在资本深化的进程中，资本未能很好地流向研发部门开展创新活动。因此，积极引导资本要素向高效率、高技术、清洁型企业和产业集聚，向技术研发部门流动，促进"资本深化"向"技术深化"转化，有利于发挥资本深化与技术创新的协同优势，从而促进企业技术进步，推动产业结构升级。

基于上述分析，在绿色发展理念下，产业结构升级的内涵应当如何进行拓展和度量？在资本深化的进程中，资本适度深化与过度深化是否会产生不同的效应？资本深化与技术创新协同的机理与测度方法是什么？二者协同又是如何推动产业结构升级的？这些依然是中国经济发展中亟待研究的科学问题，对于在实施技术创新发展战略中培育技术含量高、环境友好型产业，有效释放资本深化与技术创新协同的"溢出红利"，从而促进企业技术进步、推动产业结构升级，具有重要的理论与现实意义。

第二节　研究意义

一　理论意义

基于绿色发展理念，在传统合理化和高度化的产业结构升级研究范畴中加入绿色化，构建产业结构绿色化水平指标评价体系并据此测算产业结构升级综合指数，丰富和拓展了产业结构升级的理论内涵。

结合产业经济学理论、技术创新理论、经济增长理论、生态现代化理论、协同学理论等跨学科理论，将资本深化、技术创新与产业结

---

① 2018年7月13日，习近平在主持中央财经委员会第二次会议时发表的重要讲话。

构升级置于同一研究框架，系统分析资本深化与技术创新协同影响产业结构升级的理论机理，为产业结构升级和经济增长方式转变的研究提供了新的探索视角，在一定程度上推进、深化和拓展了该研究领域的理论与方法体系。

二 现实意义

通过理论机理及实证检验，发现相比资本深化与技术创新单一因素对产业结构升级的影响，二者的协调联动能产生更积极的作用效果，丰富了产业结构升级的经济学解释变量，挖掘了二者协同的潜在力量，为资本深化渗透和作用于实体经济、促进经济的可持续发展找到了现实路径，并提供了通过资本深化与技术创新相互配合而促进产业优化升级的新思路。

通过对中国各省域产业结构合理化、高度化、绿色化以及产业结构升级综合水平的度量、测算及分析，对厘清中国产业结构升级中存在的问题、应调整的方向提供了现实依据。而针对产业结构三方面内涵进行的宏观层面实证分析，对各部门和企业调整产业政策和产业布局、转变发展方式等起到了借鉴和指导作用。

另外，通过中、东、西部三大地带的实证检验对比分析，对政策制定者结合各区域异质性特征，优化资源在区域间的配置，制定更有针对性、切实可行、精准度更高的财税、金融、产业、环境政策提供有益的支撑和参考。

第三节 研究目标、思路与研究内容

一 研究目标

（1）理论目标：在拓展产业结构升级内涵的基础上，结合理论分析和实证检验，深入剖析资本深化与技术创新协同对产业结构升级的微观和宏观影响机理，尤其是从资本深化与技术创新密切联系的视角探索其协调联动的外溢力量促进产业结构升级的作用机理。

(2) 实践目标：从政府和企业层面提出政策建议，为发挥资本深化与技术创新良性融合的优势，助推企业技术进步、产业结构升级以及实现经济高质量发展提供必要的参考依据。

二　研究思路

遵循"现状及问题—理论机理—实证研究—政策建议"的基本思路展开研究。首先，在总结国内外资本深化、技术创新及产业结构升级的研究基础上，分别剖析资本深化与技术创新的协同机理、资本深化与技术创新协同对产业结构升级的微观和宏观影响机理。其次，对省域资本存量，技术创新，省域资本存量与技术创新的耦合协调和联动共生，产业结构合理化、高度化、绿色化，产业结构综合指数等指标进行测算和对比分析，进而从微观和宏观层面通过面板数据模型分别实证检验了资本深化与技术创新协同对产业结构升级的影响。最后，根据结论提出了促进产业结构升级的政策建议。

三　研究内容

全书内容分为七个章节，具体安排如下。

第一章，绪论。阐述了研究背景和意义，进而确定了研究目标和思路，最后概括研究内容和方法，并指出本书的主要创新点。

第二章，基本概念界定与文献综述。在对资本深化、技术创新、资本深化与技术创新协同、产业结构升级的内涵做出界定和理论梳理的基础上，对资本深化的经济后果，产业结构合理化、高度化、绿色化升级的影响因素和资本深化、技术创新对其影响机制等方面的文献内容进行了回顾和总结，据此形成本书的研究方向。

第三章，资本深化与技术创新协同推进产业结构升级的机理分析。在剖析现代经济增长理论、协同学理论、产业结构理论和生态现代化理论的基础上，对资本深化与技术创新协同的机理、二者协同影响产业结构升级的微观机理和宏观机理进行理论层面分析。

第四章，资本深化与技术创新协同及其测度分析。对中国省域1978—2017年的资本存量进行测算，构建了区域技术创新水平指标评价体系，并采用熵权法计算技术创新水平综合指数，据此从耦合协调和联动共生两方面分别测算省域层面和企业层面资本深化与技术创新的耦合协调度和交互项，从而对比分析二者协同发展规律及特征。

第五章，资本深化与技术创新协同推进产业结构升级——微观层面的实证检验。利用上市企业2011—2017年的微观数据，在考虑资本深化门槛因素的基础上，采用门槛面板回归模型实证分析了资本深化与技术创新协同与企业技术进步的非线性关系，进而构建中介效应模型对微观层面资本深化与技术创新协同推进产业结构升级过程中企业技术进步的中介效应进行实证检验。

第六章，资本深化与技术创新协同推进产业结构升级——宏观层面的实证检验。利用中国各省域宏观数据，在对产业结构合理化、高度化、绿色化及产业结构升级综合指数进行测度及对比的基础上，建立资本深化与技术创新协同对产业结构升级影响的动态面板数据模型，并利用系统GMM方法进行估计，而后进一步检验该影响在东、中、西部地区间的差异。

第七章，结论、建议与展望。本章主要总结了全书的研究结论，然后从政府和企业层面提出资本深化与技术创新协同推进产业结构升级的政策建议，最后明确本书的不足之处并提出进一步研究的方向。

第四节　研究方法和技术路线

一　研究方法

本书以管理科学、系统工程理论与方法、产业经济学、计量经济学为指导，采用定性分析与定量分析、理论研究与实证研究相结合的方法，围绕资本深化与技术创新协同对产业结构升级的影响展开深入研究。具体研究方法包括：

（1）文献研究法。通过研读国内外相关文献，了解资本深化、技术创新和产业结构升级的研究现状，在归纳总结的基础上，确定本书的切入点和研究思路。

（2）多元统计分析方法。构造技术创新水平和产业结构绿色化指标评价体系并采用熵权法计算其综合指数；对资本深化、技术创新和产业结构升级相关指标进行描述性统计，从数量上对各指标特征进行概括和分析。

（3）耦合协调度函数法。借鉴物理学中的耦合协调度函数，构建区域资本深化与技术创新的耦合协调度模型，刻画两者之间的耦合协同发展关系，为实证研究中考察二者协调联动性对产业结构升级的影响做铺垫。

（4）门槛回归技术。利用上市公司面板数据，检验微观层面资本深化与技术创新协同促进企业技术进步的资本深化程度门槛效应，确定最优的资本深化区间。

（5）中介效应分析。利用中介效应模型对微观层面资本深化与技术创新协同推进产业结构升级过程中企业技术进步的中介效应进行实证检验。

（6）动态面板数据回归。利用中国各省域数据，分别建立产业结构合理化、高度化、绿色化及产业结构升级综合指数的动态面板回归模型，并采用系统 GMM 方法进行估计，考察资本深化与技术创新的协调联动性对产业结构升级的影响。

二 技术路线（见图1-1）

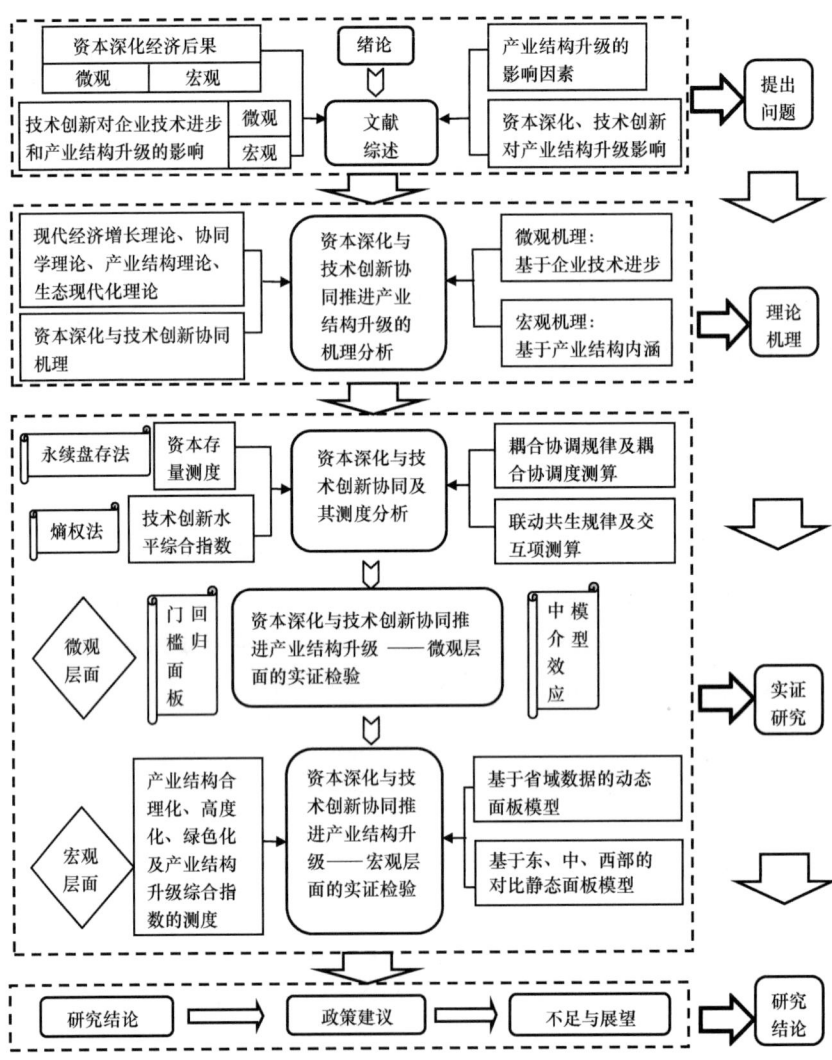

图1-1 技术路线

第五节 主要创新

（1）突破单纯研究资本深化与产业结构、技术创新与产业结构两两关系的逻辑视角，运用系统思维将资本深化、技术创新与产业结构升级置于同一研究框架。从微观和宏观视角详细剖析了资本深化与技术创新协同对产业结构升级的影响机理，揭示了资本深化与技术创新协同过程中的耦合协调以及联动共生规律，并分别从这两个方面（耦合协调和联动共生）对资本深化与技术创新协同进行测度。

（2）基于绿色发展理念丰富了产业结构升级的内涵。在传统合理化和高度化的研究范畴中加入绿色化。对产业结构绿色化升级内涵给出明确界定，从能源消耗、污染排放和环保治理三个方面选择指标构建产业结构绿色化水平指标评价体系，并采用熵权法测算全国及各省域产业结构绿色化水平综合指数，对产业结构升级的内涵进行延伸。

（3）分别从微观层面和宏观层面展开实证研究。在微观层面（上市企业）上，利用门槛面板回归模型，发现资本深化与技术创新协同对企业技术进步的影响存在基于资本深化程度的门槛效应，并得出最优的资本深化程度区间；利用中介效应模型分析得出，资本深化与技术创新协同推进产业结构升级存在企业技术进步的中介效应。在宏观层面（分省域和东、中、西区域）上，采用动态面板模型（系统GMM估计）与静态面板模型相结合的方法，发现相比资本深化与技术创新各自单独的作用效果，这两者协同对产业结构升级起到更积极的助推作用。

第二章

基本概念界定与文献综述

本章对资本深化、技术创新以及二者的协同,产业结构升级的概念内涵做历史追溯和现实理解,对相关国内外文献进行回顾和评述,从而为本书的后续研究内容奠定概念基础和理论基础。通过对现有经济、金融等相关领域资料的收集和整理、归纳和总结,从而厘清思路、寻找规律,有助于得出较为科学、合理的结论。

第一节　概念界定

一　资本深化的概念界定

"资本深化"(Capital Deepening)这一概念是由 Samuelson 等人在新古典学派的理论中提出的,它是指人均资本随时间不断提高的过程,反映资本和劳动要素投入组合比的变化关系。改革开放以来,为促进经济快速增长,大量资本投入实体部门中,由于劳动力增长速度慢于资本增长速度,导致资本劳动比不断提升,也即发生了资本深化现象。事实上,有关资本深化的理论可以追溯到马克思的《资本论》,其中的资本有机构成理论指出,资本的技术构成表现为生产过程中的资本和劳动力投入的数量关系,即通常被用于测度资本深化的指标——资本劳动比率[①]。

[①] 王亚君:《要素替代、资本深化和服务业生产率的动态演化机理》,博士学位论文,吉林大学,2017年。

Hoffmann[①]提出资本深化是经济社会发展过程中工业化的必经之路，这一观点也得到了西方经济学界的广泛认同。在我国，有学者认为自20世纪90年代中期以来，中国工业部门在投资过度的情况下提早出现了资本深化，即过度资本深化现象[②]。李治国、唐国兴[③]在估算出我国资本存量年平均增长率为7.36%的基础上，指出资本形成过快的原因在于经济增长越来越倚重资本深化，必须进行结构调整以加快转型进程。

在企业层面，资本深化主要表现为资本密集度的提升。近年来资本深化现象在企业普遍可见，一方面是由于科技的创新，越来越多企业采取资本代替劳动的方式；另一方面是高素质人才的增加和员工工资上涨，导致企业会采取高素质员工代替低素质员工的方式，生产效率提高，优胜劣汰，使得在相同的生产目标下，员工数量可以减少。

对于资本深化的衡量，主要有两种方式：资本劳动比和资本产出比的提升，也有学者用工业部门相对整体经济人均劳动生产率的加速度提升来衡量[④]。参考大多数学者的做法，选用资本劳动比来界定资本深化，这是因为在经济学上认为，资本产出有明显的周期性，从而无法对资本深化进行准确的界定，且从企业的层面上看，资本产出不仅受到企业内部（如管理者的风险偏好、公司经营等）的影响，还极大可能被外界因素影响，无法稳定客观地反映出企业资本深化的情况。

二 技术创新的概念界定

技术创新是熊彼特创新理论的核心内容。关于技术创新的界定，

---

① Hoffmann W. G., *The Growth of Industrial Economics*, Manchester: Manchester University Press, 1958.
② 张军：《资本形成、工业化与经济增长：中国的转轨特征》，《经济研究》2002年第6期。
③ 李治国、唐国兴：《资本形成路径与资本存量调整模型——基于中国转型时期的分析》，《经济研究》2003年第2期。
④ 黎贵才、卢荻：《资本深化、资源约束与中国经济可持续增长》，《经济学家》2011年第5期。

不同学者持不同的观点，其实主要是视角和侧重点不同。Adler 等①站在组织能力的角度给出了定义，从开发满足市场需求新产品的能力、运用工艺技术制造这些产品的能力、开发和采用新产品新工艺的能力以及应对危机和把握机会的能力四方面去诠释技术创新水平。傅家骥1998 年在其主编的《技术创新学》中则从系统的角度给出了明确的定义，并认为技术创新是"包括科技、组织、商业和金融等一系列活动的综合过程"。还有的学者侧重的是技术创新产生的效应②。

本书比较倾向于采用 1999 年国务院颁布的《中共中央、国务院关于加强技术创新，发展高科技，实现产业化的决定》中对技术创新的界定，即技术创新是指"应用创新的知识和新技术、新工艺，采用新的生产方式和经营管理模式，提高产品质量，开发新产品，提供新的服务，占据市场并实现市场价值"。③ 这一过程既可以是由企业单独实现，也可以是由高校、科研机构和企业协作实现。

三 资本深化与技术创新协同的概念界定

协同又意为协作、合作等，是通过两个或两个以上不同元素的协调与联动，形成拉动效应，从而推动某一事物朝积极的方向发展。研究中资本深化与技术创新的协同则主要是指资本深化与技术创新形成一个复合系统，通过相互融合、相互协作，从而促进产业结构升级。具体地，可以把资本深化与技术创新的协同分为两层含义：一层是联动性，即资本深化与技术创新紧密联结所产生的合力，能实现单个元素无法实现的目标，对产业结构升级发挥出"1+1>2"的协同效应；另一层是协调性，强调的是资本深化与技术创新在发展过程中步调的协调一致程度，以及二元系统内部所产生的互补增进作用，协调性的不同会使得资本深化与技术创新对产业结构升级产生不同的作用力

---

① Adler P. Samd Shenbar A., "Adapting Your Technological Base: The Organizational Challenge", *Sloan Management Review*, Vol. 25, No. 1, 1990.
② 王明友:《知识经济与技术创新》，经济管理出版社 1999 年版。
③ 1999 年 8 月 20 日中共中央、国务院发布的《中共中央、国务院关于加强技术创新，发展高科技，实现产业化的决定》(http://www.most.gov.cn/gxjscykfq/wj/200203/t20020315_9009.htm)。

度。通常情况下，当资本深化与技术创新的协同程度越高，其对产业结构升级的促进作用越显著。

四 产业结构升级的概念界定

在现代产业划分中，最常见的划分方法是三次产业分类法，该方法最早由澳大利亚经济学家费希尔（Fisher A. G. B.）在1935年提出，按照一国产业发展的次序及其与自然界的关系作为标准。我国现阶段对产业的划分就是依据此基础建立起来的，即把国民经济产业部门划分为第一产业（以农业为主）、第二产业（以工业为主）和第三产业（以服务业为主）。此外，还可以按照生产要素集约程度的不同划分为劳动密集型产业、资本密集型产业、技术（知识）密集型产业。在一国不同的经济发展阶段，各产业的比例关系及对经济增长的贡献程度也不同，而产业结构就是一定时期内包括产业的构成、各产业之间的产值比例及其相互关系在内的结构特征[1]。

对于产业结构升级的内涵，多数学者认为主要包括产业结构的合理化和高度化，本书结合绿色发展理念和生态现代化理论，认为产业结构升级的过程还应考虑绿色化因素。

（1）对于产业结构合理化的含义，学术界有不同的解释：结构协调论认为合理化意味着产业之间的协调发展能促进经济增长[2]；结构功能论把合理化视为产业间聚合能力的增强[3]；动态均衡论指出合理化要求产业之间实现动态的均衡和素质的提高[4]；而资源配置论对合理化标准的阐述是生产要素在产业间合理配置，以符合生产过程结构比例要求，从而促进国民经济按比例协调发展[5]。本书对产业结构合理化的界定更倾向于资源配置论，其内涵包括：产业间的资源配置在

---

[1] 芮明杰：《产业经济学》，上海财经大学出版社2012年版。
[2] 李京文：《技术进步与产业结构——模型》，经济科学出版社1989年版。
[3] 王述英：《论产业结构优化和政府政策选择机制》，《南开经济研究》1996年第2期。
[4] 苏东水：《中国国民经济管理学》，山东人民出版社1998年版。
[5] 蒋选：《我国产业结构政策的基本导向和主要问题》，《经济理论与经济管理》2002年第12期。

数量上和谐匹配、技术水平没有明显差距;各产业在国民经济中的轻重主次地位趋于协调,产业增速无显著悬殊;产业空间布局协调,生产要素能在产业间自由流动。

(2) 产业结构高度化,即产业结构从低水平向高水平状态演进的过程,又称产业结构高级化。丁宝山和任建平[①]将产业结构高度化归纳为四层含义:产品高附加值、产业普遍运用高新技术、产业高集约化、深化加工。也有学者认为产业结构高度化是沿着第一产业占优到第二、第三产业依次占优的顺序发展。本书认为产业结构高度化一般以劳动生产率的提升和技术的进步为特征,从产业主体生产要素来看,高度化过程是遵循由劳动密集型产业为主导逐步过渡到资本密集型产业再到技术(知识)密集型产业为主导的逻辑顺序;从产品附加值来看,高度化过程就是产品附加值不断提升的过程。

对于产业结构高度化的度量,学者普遍热衷于采用第三产业产值占GDP的比重、第三产业与第二产业产值之比等份额指标,这类份额指标虽然在一定程度上反映出产业结构高度化的演进,但是单纯用该指标代表高度化水平还是片面的,难以反映各产业技术水平的提升、劳动生产效率的提升等,如一味追求这一比重的提高,可能出现违背经济发展规律的产业结构"虚高度化"现象[②]。只有当各产业劳动生产效率提升至更高的水平时,产业结构高度化演进才是有意义的,而劳动生产率的提升又直接依赖于技术的进步。基于以上分析,借鉴刘伟等[③]的观点,真正的产业结构高度化的衡量至少应包含两个层面:一是代表"量"的比例关系的演进,二是代表"质"的劳动生产率的提高。

(3) 另外,我们应该清醒地看到,产业在快速发展的同时,出现了自然资源被滥用、环境被污染破坏等严重问题,制约了我国经济的高质量发展,也暴露出我国产业发展过程中技术水平相对落后、能源

---

① 丁宝山、任建平:《产业经济辞典》,中国财政经济出版社1991年版。
② 伦蕊:《工业产业结构高度化水平的基本测评》,《江苏社会科学》2005年第2期。
③ 刘伟、张辉、黄泽华:《中国产业结构高度与工业化进程和地区差异的考察》,《经济学动态》2008年第11期。

利用率低、非清洁能源过度使用、环保意识和能力弱等特点。党中央高度重视生态环境保护问题,党的十八届五中全会更将"绿色发展"作为"五大发展理念"之一,上升为国家战略,许多国家已把发展绿色产业作为推动经济结构调整的重要举措。基于此,应该把产业结构绿色化发展纳入产业结构升级的内涵和目标之一。产业在发展过程中,除了追求经济效益以外,还应该注重环境效益和社会效益,不能以牺牲后代人的利益为代价,要大力发展清洁型技术,在合理利用资源的同时,降低对生态环境的破坏,实现产业与自然、社会的协调共生和可持续发展。

所谓产业结构绿色化,至少应包含以下两方面内容:第一,积极发展循环、环保产业,要控制高污染、高能耗的污染密集型产业的过快增长,降低其在产业结构中的比重,大力促进低污染、低能耗的环境友好型产业的绿色发展,要提高其在产业结构中的比重,使其成为推动经济增长的新动力。"要充分体现高生态效率的产业对低生态效率传统产业的产能更新,对传统产业的替代性削减应纳入产业绿色化的产业政策和规划之中。"[①] 第二,积极开展绿色技术创新,鼓励产业生产活动中节能环保技术、清洁生产技术、末端治理技术等的开发、应用及推广,并借助绿色技术创新的扩散效应和示范效应,促进区域间产业的转型,以达到提高能源利用效率、减少末端排放、保护生态环境的效果。

综上所述,产业结构升级的过程,既是产业资源配置趋于协调的合理化过程,又是产业效率提升、附加值提升的高度化过程,也是产业结构日趋清洁、节能环保的绿色化过程。

第二节 文献综述

一 资本深化的经济后果研究

本小节主要从宏观和微观两个层面梳理资本深化经济后果的研

---

① 钟茂初:《产业绿色化内涵及其发展误区的理论阐释》,《中国地质大学学报》(社会科学版)2015年第3期。

究，宏观层面主要包括资本深化对经济增长、就业问题等的影响，微观层面主要包括资本深化对企业劳动生产率、劳动收入及企业价值等的影响。

（一）宏观层面：资本深化对经济增长、就业问题的影响研究

以索洛为代表的新古典经济学家把物质资本积累视为经济增长的核心，因为在既定的相同技术条件下，发达国家和发展中国家之间收入水平的差异就体现在人均资本拥有量上[1]。Abramovitz 和 Moses[2] 认为资本深化所带来的技术进步对 19 世纪美国的经济增长做出了重大贡献。Howitt 和 Aghion[3] 通过"垂直创新"增长模型的构建，表明以充足的物质资本和人力资本作保障对于技术的产生缺一不可。Laitner[4] 的研究指出，传统经济向现代经济演变的过程伴随着资本的积累、技术的进步及收入水平的提升。有学者指出资本深化与技术扩散带来全要素生产率的增长，进而推动经济增长[5]。也有学者提出资本深化对经济造成负面影响，如 Özge Özay[6] 发现在资本深化过程中制造业工业作为一个整体都偏爱有技能的男性而不是女性，这对经济发展无疑是一个不利的影响。

在中国，有关资本深化的讨论自 90 年代以来一直都存在，且褒贬不一。

以厉以宁为代表的部分学者认为资本深化是发展中国家必须经历

---

[1] 齐亚伟：《环境约束下的要素集聚与区域经济可持续发展：基于区域创新能力的视角》，社会科学文献出版社 2014 年版。

[2] Abramovitz, Moses, "The Search for the Sources of Growth: Areas of Ignorance, Old and New", *The Journal of Economic History*, Vol. 53, No. 2, 1993.

[3] Aghion H. P., "Capital Accumulation and Innovation as Complementary Factors in Long-Run Growth", *Journal of Economic Growth*, Vol. 3, No. 2, 1998.

[4] Laitner J., "Structural Change and Economic Growth", *Review of Economic Studies*, Vol. 67, No. 3, 2000.

[5] Bergeaud A., Cette G. and Lecat R., "The Role of Production Factor Quality and Technology Diffusion in Twentieth-century Productivity Growth", *Cliometrica*, 2018.

[6] Özge Özay, "Is Capital Deepening Process Male-biased? The Case of Turkish Manufacturing Sector", *Structural Change and Economic Dynamics*, No. 36, 2015.

的阶段，有助于打下坚实的工业基础①。支持这一观点的研究还有：汤向俊②通过分析中国经济转轨过程中资本深化的特征，指出在人力资本边际报酬递增的作用下，人均物质资本和资本—产出比持续上升，进一步促进经济的可持续增长。赵志耘、吕冰洋等③提出物质资本积累与技术进步的动态融合是中国经济增长的基本特征，并否定了高投入型经济增长必定是低效增长的观点。黎贵才④的分析表明，伴随资本深化的工业企业的规模效益为经济增长提供了动力支持，从资本深化促进经济增长的内生制约因素来看，技术创新水平是关键，而从外生制约因素来看，资源和能源的约束是瓶颈。杜丽、高帅雄⑤研究发现，资本体现式技术进步率的提高在促进生产部门资本深化的同时可以增加劳动需求，促进经济增长。李甲全⑥则结合"三农"问题得出农业资本深化能够有效地促进农业经济发展的结论。茹少峰和刘家旗⑦指出，网络经济资本深化一方面直接提升潜在经济增长率，另一方面通过提高全要素生产率促进潜在经济增长率提升。

而站在相反立场的代表学者吴敬琏⑧、朱钟棣和李小平⑨都认为，资本深化是一条资本排斥劳动的工业化技术路径，可能导致严重的失业问题，且过早地出现资本深化会因资本边际报酬递减而导致全要素

---

① 宋林、张永旺：《中国制造业资本深化行业特征与贸易结构转型》，《经济问题探索》2017 年第 8 期。
② 汤向俊：《资本深化、人力资本积累与中国经济持续增长》，《世界经济》2006 年第 8 期。
③ 赵志耘、吕冰洋、郭庆旺等：《资本积累与技术进步的动态融合：中国经济增长的一个典型事实》，《经济研究》2007 年第 11 期。
④ 黎贵才、卢荻：《资本深化、资源约束与中国经济可持续增长》，《经济学家》2011 年第 5 期。
⑤ 杜丽、高帅雄：《资本体现式技术进步、资本深化与经济增长》，《产业组织评论》2017 年第 11 期。
⑥ 李甲全：《农业资本深化对农业经济影响的实证研究》，《财经界》（学术版）2017 年第 21 期。
⑦ 茹少峰、刘家旗：《网络经济资本深化对我国潜在经济增长率的贡献解析》，《经济纵横》2020 年第 12 期。
⑧ 吴敬琏：《增长模式与技术进步》，《中关村》2005 年第 11 期。
⑨ 朱钟棣、李小平：《中国工业行业资本形成、全要素生产率变动及其趋异化：基于分行业面板数据的研究》，《世界经济》2005 年第 9 期。

生产率增长受阻。支持这一观点的研究还有：朱轶和吴超林①发现，我国在总量经济、行业层面及空间上均表现出资本深化态势，在中、西部地区经济水平相对落后，资本深化程度反而更高，且资本深化对就业的影响在东、中部地区表现出显著负相关。王丹枫②表明资本这一要素在"要价"上的强势会挤占劳动收入要素，当资本深化进程减缓时，经济发展方式对劳动收入的不利影响才能逐渐消除。袁云峰、贾康等③构造了相对资本深度指标，利用空间计量模型检验地区间资本深化与经济增长的关系，研究发现，过度资本深化影响了地区间资源禀赋的合理配置，从而对经济增长方式的转型及资本效率的提升造成不利影响。黄浩④通过对制造业部门资本深化与就业效应间的分析发现，我国制造业部门目前的资本深化已经与就业率之间形成了恶性循环，资本—劳动比的快速上升，直接产生了资本对劳动的"挤出效应"和"替代效应"，导致就业率的下降。杨志云和陈再齐⑤发现，2006 年以后，资本深化对 TFP（全要素生产率）增长负向作用机制已经占据了主导，资本深化速度与 TFP 增速呈负相关关系。

（二）微观层面：资本深化对企业劳动生产率、劳动收入及企业价值的影响研究

资本深化在微观层面的研究相对较少，主要集中在资本深化对企业劳动生产率、劳动收入及企业价值等方面的影响。学者普遍认为资本深化有助于劳动生产率的提升。Acemoglu 和 Guerrieri⑥从企业部门产量的变化分析资本深化对企业的利弊，证明了相对于员工工资占比

---

① 朱轶、吴超林：《中国工业资本深化的区域特征与就业效应——兼论分权体制下资本深化态势的应对》，《南开经济研究》2010 年第 5 期。
② 王丹枫：《产业升级、资本深化下的异质性要素分配》，《中国工业经济》2011 年第 8 期。
③ 袁云峰、贾康、徐向东：《金融竞争、相对资本深化与地区经济效率》，《统计研究》2012 年第 3 期。
④ 黄浩：《中国制造业资本深化与劳动力就业关系实证检验》，《统计与决策》2016 年第 14 期。
⑤ 杨志云、陈再齐：《要素生产率、资本深化与经济增长——基于 1979—2016 年中国经济的增长核算》，《广东社会科学》2018 年第 5 期。
⑥ Acemoglu D. and Guerrieri V., "Capital Deepening and Nonbalanced Economic Growth", *Journal of Political Economy*, Vol. 116, No. 3, 2008.

较高的部门，员工工资占比较低的部门发生资本深化对公司价值造成的影响可能较为不利。吴海明[1]利用民营企业样本实证检验了资本深化与劳动生产率之间的非线性关系，研究指出，当替代弹性大于1时，通过"德拉—格兰德维尔效应"和"卡尔多—凡顿效应"，资本深化进程有利于劳动生产率的提高。宋建和郑江淮[2]发现，资本深化对资源配置效率的影响呈现倒"U"形，而与生产率为"U"形关系，资本深化程度较低或较高的企业改善资源配置效率可以促进生产率提升，而中等水平的企业呈现抑制效应。

关于资本深化对劳动收入的影响，罗楚亮、倪青山[3]通过分析1998—2007年中国工业企业数据，发现资本深化和所有制结构的改变是企业劳动收入比重下降最为重要的解释因素。Hutchinson[4]、Karabarbounis[5]、Égert[6]等也得出了类似的结论。而马国旺和李焙尧[7]基于2006—2017年中国省际面板数据的实证结果表明，现阶段资本深化对劳动报酬份额的影响已由负转正。事实上，劳动收入不能代表一个企业的价值和未来的发展前景，只是对中国宏观层面而言会影响GDP中的劳动收入占比，对企业层面而言，非劳动收入是企业收入来源的一个重要部分，对于一些金融公司更是如此。

而资本深化对企业价值影响的研究结论则莫衷一是。李潭、王

---

[1] 吴海明：《资本深化带来了劳动生产率下降吗》，《财经科学》2013年第9期。
[2] 宋建、郑江淮：《资本深化、资源配置效率与全要素生产率：来自小企业的发现》，《经济理论与经济管理》2020年第3期。
[3] 罗楚亮、倪青山：《资本深化与劳动收入比重——基于工业企业数据的经验研究》，《经济学动态》2015年第8期。
[4] Hutchinson Jamd Persyn D., "Globalisation, Concentration and Footloose Firms: In Search of the Main Cause of the Declining Labour Share", *Review of World Economics*, Vol. 148, No. 1, 2012.
[5] Karabarbounis L. and Neiman B., "The Global Decline of the Labor Share", *The Quarterly Journal of Economics*, Vol. 129, No. 1, 2014.
[6] Égert B., "Regulation, Institutions and Aggregate Investment: New Evidence from OECD Countries", *Open Economies Review*, Vol. 29, No. 2, 2018.
[7] 马国旺、李焙尧：《中国资本深化对劳动报酬份额的影响分析》，《江西社会科学》2020年第2期。

灿①通过联立方程和 3SLS 估计，得到较高的员工收入占比不仅有利于企业价值的提升，还能帮助企业抵抗资本深化对公司价值造成的不利影响的结论，这个结论侧面反映出资本深化是有可能对企业价值造成不利影响的，但是可以通过提高员工的收入比来降低不利的影响。对此巫强②有不同的看法，他在 Cobb – Douglas 生产函数的分析框架下，得出在工资增长的趋势下，以资本替代劳动是企业的理性选择，劳动分配率越大，企业的资本深化程度越大，在工资增长的情况下，资本深化对企业是有利的。

二 技术创新对产业结构升级的影响研究

类似的，本小节也将从微观和宏观两个层面梳理技术创新对企业技术进步及产业机构优化升级的影响研究。

（一）微观层面：技术创新投入对企业技术进步的影响研究

在学术界，技术创新投入与企业技术进步之间的关系已经得到了各国数据的检验，但并没有形成统一结论。概括起来可以分为以下四个方面的研究。

第一，促进作用论，即技术创新投入有利于企业的技术进步。Griffith③构建了 R&D、技术进步和技术收敛之间的理论框架，指出 R&D 对企业技术进步的影响是通过提高吸收能力来实现的。Sharma④利用印度制药企业的经验数据，得出技术创新投入对企业全要素生产率的影响系数为 15% 的结论。Nuria 和 Anderson⑤也得出上市公司技

---

① 李潭、王灿：《员工收入占比、公司价值与资本深化》，《中国市场》2015 年第 25 期。
② 巫强：《资本深化、技术进步与雇佣规模调整》，《中国人口·资源与环境》2013 年第 6 期。
③ Griffith R., Redding S. and Reenen J. V., "R&D and Absorptive Capacity: Theory and Empirical Evidence", *Scandinavian Journal of Economics*, Vol. 105, No. 1, 2002.
④ Sharma C., "R&D and Firm Performance: Evidence from the Indian Pharmaceutical Industry", *Journal of the Asia Pacific Economy*, Vol. 17, No. 2, 2012.
⑤ Gonzalez Alvarez Nuria and Argothy Anderson, "Research, Development and Growth in State – owned Enterprises: Empirical Evidence from Ecuador", *Industry and Innovation*, Vol. 26, No. 2, 2019.

术创新投入与企业绩效之间存在显著正相关关系的结论。我国学者周亚虹等①以中国工业企业数据为样本，研究发现技术创新有利于企业的技术积累，进而提高企业的生产率。叶静怡和林佳②研究了企业创新促进全要素生产率增长的传导机制，并指出民营企业研发的全要素生产率增长效应最高，外资企业次之，国有企业最差。

第二，抑制作用论，即技术创新投入阻碍了企业的技术进步。Quo 等③以中国软件行业为样本，发现研发投资强度与企业利润率、生产率均为负相关。陈刚④的研究也发现本地 R&D 资本对全要素生产率起到了阻碍作用。张玉臣和杜千卉⑤指出，盲目增加企业科技经费与科技人员投入，对企业技术进步的提升有负向影响。

第三，不确定性论。Lin 等⑥对美国 258 家企业的专利与财务数据进行研究后发现，企业研发创新与绩效之间不存在显著的相关关系。Fernandes⑦也认为，R&D 并不一定能够促进企业生产率的提高，也可能有阻碍作用。

第四，非线性论。Wang⑧指出，存在最低的技术创新投入阈值，使得创新投资对企业绩效有效。戴小勇和成力为⑨使用门槛面板数据模型研究得出，研发投入强度在达到第一门槛值时，对企业的全要素

---

① 周亚虹、贺小丹、沈瑶：《中国工业企业自主创新的影响因素和产出绩效研究》，《经济研究》2012 年第 5 期。

② 叶静怡、林佳：《创新与企业全要素生产率——来自中国制造业企业的证据》，《学习与探索》2016 年第 5 期。

③ Quo B., Wang Q. Z. and Shou Y. Y., "Firm size, R&D, and Performance: An Empirical Analysis on Software Industry in China", International Engineering Management Conference, sponsored by IEEE, Singapore, 2004.

④ 陈刚：《R&D 溢出、制度和生产率增长》，《数量经济技术经济研究》2010 年第 10 期。

⑤ 张玉臣、杜千卉：《高新技术企业研发投入失效现象及成因分析》，《科研管理》2017 年第 1 期。

⑥ Lin B., Lee Y. and Hung S., "R&D Intensity and Commercialization Orientation Effects on Financial Performance", Journal of Business Research, 2006.

⑦ Fernandes A. M., "Firm Productivity in Bangladesh Manufacturing Industries", World Development, Vol. 36, No. 10, 2008.

⑧ Wang C. H., "Clarifying the Effects of R&D on Performance: Evidence from the High Technology Industries", Asia Pacific Management Review, Vol. 16, No. 1, 2011.

⑨ 戴小勇、成力为：《财政补贴政策对企业研发投入的门槛效应》，《科研管理》2014 年第 6 期。

生产率和 ROA 产生显著的促进作用,而超过第二门槛值时,该影响变得不明显。董明放和韩先锋①通过对中国战略性新兴产业的研究,发现研发投入强度对产业绩效的影响呈显著的倒"N"型非线性特征,且存在空间和产业异质性。王惠等②则以企业规模为门槛变量,检验了中国高技术产业 R&D 投入强度对绿色创新效率的双重门槛效应。

(二) 宏观层面:技术创新对产业结构升级的影响研究

随着创新与产业结构理论研究的不断丰富,技术创新对产业结构影响方面的研究也得到了长足的发展。有学者基于产业结构与区域经济等相关理论,探讨技术创新在产业结构演化中所起的作用,如 Antonelli C.③、Wei④研究表明,产业结构演化的关键驱动因素来源于创新,同时产业发展对技术创新会形成路径依赖。渠海雷和邓琪⑤认为,新技术促使新产业的诞生,技术创新关联的改变能促使整个产业结构发生重大变革。周叔莲和王伟光⑥对科技创新与产业结构升级的相互关系做了深度理论研究。张银银和黄彬⑦提出了创新基于技术轨道、市场轨道和全产业链驱动产业结构升级的路径,并对比三条路径的差异及适用条件。钟章奇和王铮⑧利用自主模拟法,把微观层面上的企业创新行为和宏观层面上的产业结构优化联系到一起,构建了一个基

---

① 董明放、韩先锋:《研发投入强度与战略性新兴产业绩效》,《统计研究》2016 年第 1 期。

② 王惠、王树乔、苗壮、李小聪:《研发投入对绿色创新效率的异质门槛效应——基于中国高技术产业的经验研究》,《科研管理》2016 年第 2 期。

③ Antonelli C., *The Economics of Innovation, New Technologies and Structural Change*, London: Routledge, 2002.

④ Wei G., Saaty T. L. and Wei L., "Evaluating and Optimizing Technological Innovation Efficiency of Industrial Enterprises Based on Both Data and Judgments", *International Journal of Information Technology & Decision Making*, Vol. 17, No. 1, 2018.

⑤ 渠海雷、邓琪:《论技术创新与产业结构升级》,《科学学与科学技术管理》2000 年第 2 期。

⑥ 周叔莲、王伟光:《科技创新与产业结构升级》,《管理世界》2001 年第 5 期。

⑦ 张银银、黄彬:《创新驱动产业结构升级的路径研究》,《经济问题探索》2015 年第 3 期。

⑧ 钟章奇、王铮:《创新扩散与全球产业结构优化——基于 Agent 模拟的研究》,《科学学研究》2017 年第 4 期。

于异质企业的区域产业结构演化的解释模型。吴言动和彭凯平[①]探索传统产业向新兴产业转型升级的3个阶段,并从原产品品质改进、新产品开拓、创新商业模式与低成本创新等多个角度论述转型升级的创新驱动机制。

另有部分研究是利用相关计量模型,实证考察技术创新对产业结构升级和经济发展的影响。如 Michael Peneder[②] 利用28个 OECD 国家数据分析发现技术创新通过影响需求收入弹性,从而影响产业结构发展。Scarlato[③] 在构建一个三部门半内生增长模型的基础上,证实在社会制度条件约束下技术创新与经济增长存在非线性关系。陶长琪和彭永樟[④]利用基于经济集聚度的空间权重矩阵,发现技术创新强度对我国产业结构合理化和高级化发展表现出显著为正的空间效应。王立新和曹梅英[⑤]则将技术创新分为自主创新与技术模仿,以市场化指数为门槛变量,分别探讨两类技术创新与产业结构升级之间的非线性影响机制。沈琼和王少朋[⑥]采用2008—2016年中部六省的面板数据检验发现,技术创新和制度创新对中部地区产业转型升级均有显著的正向影响,但由于规模效率较低,创新对中部地区产业转型升级的效率整体没有达到最优水平,应当扩大创新活动规模,增加创新政策供给。江三良和纪苗[⑦]构建空间杜宾模型的结果表明:技术创新不仅促进本地产业结构优化,还有助于邻近地区合理化发展,但对邻近地区高级化

---

① 吴言动、彭凯平:《传统产业向新兴产业转型升级的创新驱动机制与保障策略研究》,《科学管理研究》2018年第3期。

② Michael Peneder, "Industrial Structure and Aggregate Growth", *Structural Change and Economic Dynamics*, No.14, 2003.

③ Scarlato M., "Innovation, Socio-institutional Conditions and Economic Growth in the Italian Regions", *Regional Studies*, Vol.49, No.9, 2015.

④ 陶长琪、彭永樟:《经济集聚下技术创新强度对产业结构升级的空间效应分析》,《产业经济研究》2017年第3期。

⑤ 王立新、曹梅英:《技术创新与产业升级的互动机制》,《系统工程》2018年第6期。

⑥ 沈琼、王少朋:《技术创新,制度创新与中部地区产业转型升级效率分析》,《中国软科学》2019年第4期。

⑦ 江三良、纪苗:《技术创新影响产业结构的空间传导路径分析》,《科技管理研究》2019年第13期。

的抑制作用和促进作用并存,技术创新能够通过一个直接路径和空间效应形成的 3 个间接路径作用于本地及其他地区产业结构。

三 产业结构合理化、高度化、绿色化升级的影响因素研究

产业结构升级理论是在产业结构演进的相关理论基础上发展起来的,1966 年 Raymond Vernon 从工业生命循环论出发,通过论述产业的区域转移机制,指出该国或该地区的竞争优势也在不断变化从而形成连续性的产业升级。国外早期研究产业结构升级影响因素的文献对物质资本较为重视,认为物质资本的稀缺阻碍了产业结构升级,如 Rosenstein - Rodan① 和 Kojima② 等。后期研究逐渐拓展其他影响因素,如 Wang 等③开发了产业分解(SDA)模型,分解结果显示最终产品的需求结构、生产技术和替代进口等因素对产业结构升级产生了重要的影响。Russu④利用罗马尼亚的样本数据发现,技术水平、劳动技能水平、能源效率等多因素影响制造业产业结构升级。其他考虑人力资本、技术等因素的研究学者还有 Antonelli C. ⑤、Dolata⑥、Święcki⑦ 等。

我国学者普遍的做法是将合理化和高度化两方面纳入产业结构升级的内涵中⑧。对于合理化和高度化进程的影响因素中,技术进步是受关注度最高的因素之一,此外,市场需求、国际贸易水平、市场化

---

① Rosenstein - Rodan P. N. , "Problems of Industrialisation of Eastern and South - eastern Europe", *Economic Journal*, Vol. 210, No. 53, 1943.

② Kojima, Kiyoshi, "Capital Accumulation and the Course of Industrialisation, with Special Reference to Japan", *The Economic Journal*, Vol. 280, No. 70, 1960.

③ Wang F. , Dong B. M. , Yin X. P. , et al. , "China's Structural Change: A New SDA Model", *Economic Modelling*, No. 43, 2014.

④ Russu and Corneliu, "Structural Changes Produced in the Romanian Manufacturing Industry in the Last Two Decades", *Procedia Economics and Finance*, No. 22, 2015.

⑤ Antonelli C. , *The Economics of Innovation*, *New Technologies and Structural Change*, London: Routledge, 2002.

⑥ Dolata U. , "Technological Innovations and Sectoral Change: Transformative Capacity, Adaptability, Patterns of Change: An Analytical Framework", *Research Policy*, Vol. 38, No. 6, 2009.

⑦ Tomasz Święcki, "Determinants of Structural Change", *Review of Economic Dynamics*, No. 24, 2017.

⑧ 何平、陈丹丹、贾喜越:《产业结构优化研究》,《统计研究》2014 年第 7 期。

程度、金融发展、产业转移、外商投资等诸多因素均有被论及。如付宏等①指出创新对产业结构高度化的影响机制,包括通过研发经费、研发人员以及产业生产是否达到生产可能性边界等途径。高远东等②利用空间计量模型检验产业结构高度化的影响因素,得出社会需求因素影响最为显著,其中消费需求因素推动作用最大,而当前的制度安排却存在负面影响,阻碍了产业结构高度化升级。张红霞和王丹阳③采用系统广义矩估计法,指出劳动力和技术要素投入的增加能显著推动山东省产业结构的合理化和高度化,而资本要素的投入则会产生不利影响。张长征和吉星④的研究证明了技术进步率异质性对产业结构合理化和高度化的正向效应,并提出驱动产业结构调整的其他关键因素包括研发强度、国际贸易水平、居民收入水平等。张治栋和廖常文⑤基于长江经济带地级市面板数据实证发现,区域技术创新能有效推动产业结构"两化"发展,在引入市场化的调节作用后这种推动力变强且更为显著,且该调节作用在产业结构合理化中还表现出门限效应。

关于产业结构升级的文献较少把绿色化作为目标进行研究,现有相关文献集中于在宏观经济层面研究经济的绿色发展⑥,或者在微观层面研究企业的节能环保行为⑦,而基于产业层面的探讨相对缺乏。

---

① 付宏、毛蕴诗、宋来胜:《创新对产业结构高级化影响的实证研究——基于2000—2011年的省际面板数据》,《中国工业经济》2013年第9期。
② 高远东、张卫国、阳琴:《中国产业结构高级化的影响因素研究》,《经济地理》2015年第6期。
③ 张红霞、王丹阳:《要素投入、产业结构合理化与产业结构高级化——基于山东省面板数据的动态GMM检验》,《华东经济管理》2016年第3期。
④ 张长征、吉星:《技术进步率对产业结构调整影响的实证检验》,《统计与决策》2018年第6期。
⑤ 张治栋、廖常文:《技术创新与长江经济带产业结构升级——市场化的调节作用》,《科技进步与对策》2020年第7期。
⑥ 胡鞍钢、周绍杰:《绿色发展:功能界定、机制分析与发展战略》,《中国人口·资源与环境》2014年第1期;梁琳、林善浪:《金融结构与经济绿色低碳发展》,《经济问题探索》2018年第11期。
⑦ 唐国平、李龙会、吴德军:《环境管制、行业属性与企业环保投资》,《会计研究》2013年第6期;姜英兵、崔广慧:《环保产业政策对企业环保投资的影响:基于重污染上市公司的经验证据》,《改革》2019年第2期。

骆玲和史敦友①提出工业绿色化的本质在于产业替代，实现工业经济增长与生态环境保护"双赢"，在工业绿色化过程中必须考虑产业替代的路径依赖、兼顾替代产业的产能过剩、解决工业产品需求结构失衡和权衡替代产品消费后形成的潜在生态环境风险等实践问题。影响产业绿色发展的因素，主要包括绿色技术创新、绿色金融、环境规制等，涉及的文献诸如Sarkar②在研究欧洲绿色产业链问题时，构造了多部门环境产业模型，验证了绿色技术创新对产业绿色发展的突出贡献。肖兴志和李少林③指出，我国总体环境规制强度对产业升级的方向和路径均产生了促进作用。原毅军和戴宁④将资源和环境导向纳入产业升级的内涵，并且建立了绿色技术创新促进中国制造业产业升级的作用机制。徐胜等⑤探讨了绿色信贷促进产业结构升级的作用机理，主要概括为资本形成、信号传递以及反馈与信用催生三种机制。

四 资本深化、技术创新对产业结构升级的影响研究

（一）资本深化与技术创新的关系研究

Agion和Howitt⑥率先构建了将资本积累和技术创新融合的理论模型，发现资本积累与技术创新具有动态互补性。而二者2009年的文献则进一步刻画了经济增长动力由投资拉动转向创新驱动的过程：资本深化刺激了技术创新，技术进步促进了经济增长，但资本边际产出下降抑制了资本投资，最终当经济增长由创新驱动时达到稳定。

---

① 骆玲、史敦友：《工业绿色化：理论本质、判定依据与实践路径》，《学术论坛》2020年第1期。

② Sarkar A. N., "Promoting Eco-innovations to Leverage Sustainable Development of Eco-industry and Green Growth", *European Journal of Sustainable Development*, Vol. 2, No. 1, 2013.

③ 肖兴志、李少林：《环境规制对产业升级路径的动态影响研究》，《经济理论与经济管理》2013年第6期。

④ 原毅军、戴宁：《基于绿色技术创新的中国制造业升级发展路径》，《科技与管理》2017年第1期。

⑤ 徐胜、赵欣欣、姚双：《绿色信贷对产业结构升级的影响效应分析》，《上海财经大学学报》2018年第2期。

⑥ Agion P. and Howitt P., "A Model of Growth Through Creative Destruction", *Econometrica*, Vol. 60, No. 2, 1992.

赵辉①指出，资本的投入是技术创新的前提，新技术的采用和扩散都依赖于固定资产投资，因此技术的演化会导致资本存量的上升。马汴京②研究发现，自主研发能够通过与资本深化水平的良性互动显著地促进劳动生产率增长。黄先海等③认为，集约型资本深化能显著促进技术创新，原因在于技术只有融合在资本品中才能充分发挥效能，设备的更新换代可以带来技术的升级以及生产率的提升。申萌和万海远等④站在资本投资和创新投入的替代性的视角，来探讨资本深化是如何促进创新的，为新古典和内生增长模型的融合提供了依据。陈汝影和余东华⑤指出，在制造业不断地资本深化态势下，注重资本要素生产效率提升，选择资本偏向型技术进步路径，有助于提高制造业全要素生产率。

（二）资本深化对产业结构的影响研究

Acemoglu 等⑥利用两部门模型论证了资本深化导致经济不平衡增长，部门间不同要素比例的改变会对产业结构产生重要影响。Foster – Mcgregor 和 Verspagen⑦对亚洲国家的研究发现，资本深化程度能改变劳动生产率，进而影响产业结构升级。

在国内，毛丰付和潘加顺⑧利用我国地级以上城市面板数据，在城市产出总量函数中加入了资本存量和产业结构变量，实证发现资本

---

① 赵辉：《资本积累、技术进步与劳动力市场动态——马克思经济增长理论与模型研究》，博士学位论文，南开大学，2009 年。

② 马汴京：《资本深化、异质性科技投入与劳动生产率增长——基于中国大中型工业企业的经验证据》，《中南财经政法大学学报》2011 年第 3 期。

③ 黄先海、杨君、肖明月：《资本深化、技术进步与资本回报率：基于美国的经验分析》，《世界经济》2012 年第 9 期。

④ 申萌、万海远、李凯杰：《从"投资拉动"到"创新驱动"：经济增长方式转变的内生动力和转型冲击》，《统计研究》2019 年第 3 期。

⑤ 陈汝影、余东华：《资本深化、有偏技术进步与制造业全要素生产率》，《现代经济探讨》2020 年第 6 期。

⑥ Acemoglu D. and Guerrieri V., "Capital Deepening and Nonbalanced Economic Growth", *Journal of Political Economy*, Vol. 116, No. 3, 2008.

⑦ Foster – Mcgregor N. and Verspagen B., "The Role of Structural Transformation in the Potential of Asian Economic Growth", *SSRN Electronic Journal*, 2016.

⑧ 毛丰付、潘加顺：《资本深化、产业结构与中国城市劳动生产率》，《中国工业经济》2012 年第 10 期。

深化对我国城市劳动生产率具有明显的促进作用,但作用强度呈缓慢下降态势。于泽和徐沛东[①]基于非平衡增长理论,利用 1987—2009 年中国 29 个省(直辖市)的面板数据考察资本深化对产业结构转型的影响,实证结果发现提升资本劳动比、保持适当的投资增速,将有利于地区产业结构调整。冯白和葛扬[②]利用微观数据检验了企业资本投向对区域产业结构调整的影响,研究发现,生产性资本投资对产业结构升级的影响仅为量的调整,技术性资本投资仅在经济相对发达地区发挥了促进作用,而投机性投资则对产业结构升级存在负面作用。王定祥等[③]研究发现,银行资本深化显著促进了产业结构合理化和高级化,证券资本深化仅对产业结构高级化有显著正向作用。余东华和张维国[④]指出,在要素市场扭曲的情况下,资本过度深化会导致产能的过剩和创新的惰性,从长期来看不利于制造业转型升级,并提出加快要素市场改革、推进技术创新、提高资本使用效率等有效举措。孙海波等[⑤]发现人力资本积累和资本深化对我国产业结构升级均有显著的促进作用,且资本深化对产业结构升级的影响存在基于人力资本积累的门槛效应。张玉昌[⑥]利用 2011—2013 年企业微观层面的科技活动数据,实证检验企业研发决策对企业创新效率的影响效应,发现研发部门资本深化水平与企业创新效率的提升呈正相关。

(三) 资本深化、技术创新与产业结构之间关系的研究

关于将资本深化、技术创新和产业结构置于同一框架的文献较少

---

① 于泽、徐沛东:《资本深化与我国产业结构转型——基于中国 1987—2009 年 29 省数据的研究》,《经济学家》2014 年第 3 期。
② 冯白、葛扬:《资本投向、产权性质与区域产业结构调整》,《产业经济研究》2016 年第 1 期。
③ 王定祥、李伶俐、吴代红:《金融资本深化、技术进步与产业结构升级》,《西南大学学报》(社会科学版) 2017 年第 1 期。
④ 余东华、张维国:《要素市场扭曲、资本深化与制造业转型升级》,《当代经济科学》2018 年第 2 期。
⑤ 孙海波、刘忠璐、林秀梅:《人力资本积累、资本深化与中国产业结构升级》,《南京财经大学学报》2018 年第 1 期。
⑥ 张玉昌:《企业研发决策、要素配置与创新效率——基于企业微观科技活动数据》,《财经论丛》2020 年第 8 期。

见，相关研究诸如吴声功①通过对卢卡斯模型进行剖析，指出加快资本深化与技术创新，能保证产业结构持续优化，并推导出经济增长主要依靠的是资本深化、技术进步以及经济结构优化的结合。黄茂兴和李军军②在研究技术选择与产业结构升级的关系时，指出技术选择和合理的资本深化都是提升劳动生产率、促进产业结构升级的重要因素。周孝坤等③发现，金融深化和科技投入均是我国产业结构升级的格兰杰原因。齐亚伟④在探索要素集聚与区域经济可持续发展传导机制时指出，促进资本深化与技术深化的融合，是提高创新能力和产业结构升级的有效途径。王海龙⑤在测算中国省际资本存量的基础上，从全国层面和东、中、西部区域层面研究技术进步和资本深化对产业结构升级的影响机制及差异性。孙婷等⑥基于环境规制视角，通过构建联立方程模型实证分析技术创新、资本深化与制造业竞争力的内生关系。纪玉俊和张莉健⑦阐释了影响制造业升级的三条不同路径：劳动力就业结构、资本深化程度及技术进步，指出嵌入全球价值链后，资本技术密集型制造业如果改善"低端锁定"的技术困境，三种不同因素都会促进制造业升级。

第三节　研究评述

本章从资本深化的经济后果，技术创新对技术进步、产业结构的

---

① 吴声功：《中国资本深化、技术变革与产业结构的调整》，《江苏社会科学》2005年第5期。

② 黄茂兴、李军军：《技术选择、产业结构升级与经济增长》，《经济研究》2009年第7期。

③ 周孝坤、冯钦、袁颖：《科技投入、金融深化与产业结构升级——基于中国1978—2008年数据的实证检验》，《社会科学家》2010年第10期。

④ 齐亚伟：《环境约束下的要素集聚与区域经济可持续发展：基于区域创新能力的视角》，社会科学文献出版社2014年版。

⑤ 王海龙：《资本深化、技术进步与产业结构升级》，硕士学位论文，浙江财经大学，2015年。

⑥ 孙婷、余东华、张明志：《技术创新、资本深化与制造业国际竞争力——基于环境规制视角的实证检验》，《财经论丛》2018年第1期。

⑦ 纪玉俊、张莉健：《基于全球价值链背景的中国制造业不同升级影响因素及其选择》，《广西财经学院学报》2020年第3期。

影响，产业结构合理化、高度化、绿色化升级的影响因素以及资本深化、技术创新对产业结构升级影响机制等方面，系统地回顾并分析了已有文献的研究成果，其中资本深化、技术创新作用于产业结构升级是研究的重点。通过文献研究，能够揭示产业结构升级的深刻内涵及资本深化、技术创新与产业结构升级之间的内在结构和必然联系。

国内外关于资本深化、技术创新与产业结构升级的研究已取得了丰富的研究成果，无疑对本书具有重要的借鉴意义和参考价值，通过文献梳理，也可以得出如下五个方面的关键提示。

（1）学术界对资本深化现象褒贬不一，使得资本深化经济后果的研究结论并不一致，资本深化"补偿效应"的支持方认为物质资本积累为经济增长提供了动力支持，"挤出效应"的支持方则强调资本边际报酬递减及资源配置失调所带来的负面影响。事实上，如果把资本深化分为适度和过度两个方面，上述的讨论结果也就不矛盾了。鉴于此，本书将一分为二地看待资本深化现象，从资本适度深化和资本过度深化两方面去剖析其对技术进步及产业结构的影响，以避免得出片面的结论。

（2）在相关驱动因素对产业结构升级影响的研究中，多把产业结构升级的多方面内涵作为一个整体，选取某一方面的指标来衡量，事实上，产业结构升级的完整内涵应至少包括合理化、高度化和绿色化三个层面，虽然有文献将合理化、高度化、高效化等内涵纳入产业结构升级的研究范畴，但是对产业结构绿色化升级的内涵给出清晰界定的文献极少见，而将合理化、高度化与绿色化三个方面纳入一个框架，系统分析三个方面的实现机理和驱动因素等问题的研究几乎没有。因此，在发达国家占有绿色创新技术的优势及国内资源环境压力剧增的双重背景下，基于绿色发展理念将"绿色化"升级纳入产业结构升级的研究框架，对"绿色化"升级的内涵给出明确的界定，构造产业结构绿色化指标体系并利用熵权法测算区域绿色化水平综合指数，并进一步从三方面内涵分析产业结构升级的影响因素，都是对以往文献的有益补充。

（3）资本深化与技术创新协同促进产业结构升级的内在动力是基

于技术进步路径，而企业层面技术创新投入与技术进步之间的关系，学术界尚未形成一致的结论，多样性的研究结果可能恰恰反映出二者之间并非简单的线性关系。然而，学者们对二者之间非线性关系的探讨不够充分，资本深化与技术创新协同对企业技术进步的影响究竟如何？是否会受限于资本深化程度的门槛效应？企业层面资本深化与技术创新协同推进产业结构升级是否存在企业技术进步的中介效应？针对这些问题，本书拟从微观层面结合门槛面板回归模型和中介效应模型去探索。

（4）诸多文献研究了资本深化与产业结构、技术创新与产业结构的两两关系，但很少有将三方面结合起来作为一个体系来研究的，从理论层面来探讨资本深化与技术创新对产业结构升级影响机理的研究更为缺乏。而将技术创新与资本深化结合，其协同效应可以克服单纯依赖资本深化时的缺陷，对产业结构升级起到更好的助推作用，正是基于这个思路和认识，本书运用系统思维将资本深化、技术创新与产业结构升级作为一个整体研究，对资本深化和技术创新协同促进产业结构升级的作用机制及数量关系进行长链条的探索。

（5）从研究使用的模型来看，文献大多只是使用了单一的线性模型或非线性模型去研究资本深化、技术创新与产业结构升级之间的关系；从研究范围来看，多限于单个省或者我国省（市、自治区）层面，这都给了本书可以拓展和深入的空间。基于此，为了更好地对理论模型命题进行实证检验，考虑到资本深化过度和不足都会对技术创新的效果造成影响，本书选择门槛面板回归模型；考虑到产业结构升级具有时间上的连续性，选择动态面板模型并利用系统 GMM 来进行估计；考虑到东、中、西部面板样本量小的因素，又采用静态面板回归模型。在研究范围上，既有针对我国企业层面、省域层面数据的分析，又有针对东、中、西部三大地带的对比，利用立体交叉式的研究力图去丰富现有的实证研究成果。

第四节　本章小结

本章对研究中的三个关键词（资本深化、技术创新与产业结构升级）做了概念界定和理论梳理，主要对资本深化、技术创新与产业结构升级的相关文献内容进行了总结和评述。研究文献包括资本深化的经济后果，技术创新对技术进步、产业结构的影响，产业结构升级的影响因素和资本深化、技术创新对其影响机制等方面的研究。对文献的系统回顾和学习为本书奠定了坚实的理论基础，在明确了现有研究不足的基础上形成了本书的基本思路和方向。

第三章

资本深化与技术创新协同推进产业结构升级的机理分析

本章在梳理经济增长理论、协同学理论、产业结构理论及生态现代化理论的基础上，探讨资本深化与技术创新协同对产业结构升级的影响机理，通过分析资本深化和技术创新的协同机理以及资本深化与技术创新协同推进产业结构升级的微观和宏观机理，剖析三者之间的逻辑结构。这一章承上启下，为后面的实证分析奠定了理论基础。

第一节 理论基础

一 现代经济增长理论中的资本深化与技术进步

现代经济增长理论的起点通常认为是哈罗德—多马模型的出现，哈罗德—多马模型强调了资本积累在经济增长中的重要性。根据模型中关于资本积累的公式可知，资本深化主要取决于储蓄率与资本产出比的共同影响，居民储蓄意愿越高、资本产出比越低（资本产出效率越高），资本深化的进度越快。但在资本与劳动投入一定的前提下，资本深化使得资本生产率降低从而抑制资本深化的进度，进而使得经济增长呈现无稳定态势、波动频繁。此外，模型也有诸多缺陷，比如忽视了技术进步对经济增长的强大作用、否定了生产要素的可替代性等，这些都与现实情形不符。

以索洛（Solow）为代表的新古典经济增长理论对哈罗德—多马

模型提出了质疑，该理论认为除了资本深化和劳动力，技术进步是推动经济增长的另一个重要因素。在一个经济体长期稳定发展过程中，资本的持续深化在提高人均产出的同时，也会造成资本产出效率的下降，从而导致资本边际产出效率低于劳动力的边际产出效率。此时，技术的不断进步为经济增长提供了新的动力，从而弥补资本要素投入边际报酬递减问题，并认为长期技术进步率等同于经济增长率。索洛将这种技术进步的作用体现在具有规模报酬不变特性的生产函数和增长方程中，并称之为"全要素生产率"（TFP），也即"索洛余量"。

现代经济增长理论为后文将资本与技术要素纳入一个系统分析其协同效应、将资本深化分为适度深化和过度深化等研究的开展奠定了理论基础。

二 协同学理论

协同学（Synergetics）理论的创始人是德国物理学家赫尔曼·哈肯（Hermann Haken）教授。该理论认为，社会中各种千差万别的系统有的处于无序状态，有的则处于有序状态，而各个子系统间存在着相互影响且相互合作的关系，这种协调和配合的内在机制将促使总系统从无序走向有序，形成新的结构和功能，从而达到把这些子系统简单相加所不能达到的效果。在协同学理论中阐述了慢变量支配原则。"慢变量"也即序参量，指各种宏观变量，序参量是子系统集体运动、合作效应的表征和度量。相对于控制参数的"快变量"而言，"慢变量"处于主导地位，系统演化的最终结构和有序程度都决定于序参量。

本书将资本深化与技术创新系统视为复合系统，技术创新本身是高投入、高风险、高收益的，从其研发、成果转化到产业化的每一个阶段都存在着大量的资金需求，有效的资本深化支持可以视为技术创新的必要条件。同时技术创新水平的高低决定了资本的投资利润，并直接影响资金的投入产出绩效。由此可知，资本深化与技术创新的过程是并行和互嵌的，二者相互作用、相互渗透、相互制约，构成一个有机整体。根据协同学原理，资本深化与技术创新协同将产生"1+1>2"的整体协同效应，进而推进产业结构升级。

三 产业结构理论

产业结构可以从两个角度来考察："一是从'质'的角度动态地揭示产业间技术经济联系与联系方式不断发生变化的趋势，揭示经济发展过程的国民经济各部门中，起主导或支柱地位的产业部门的不断替代的规律及其相应的'结构'效益，从而形成狭义的产业结构理论；二是从'量'的角度静态地研究和分析一定时期内产业间联系与联系方式的技术经济数量比例关系，即产业间'投入'与'产出'的量的比例关系，从而形成产业关联理论。广义的产业结构理论包括狭义的产业结构理论和产业关联理论。"

早在17世纪末，英国古典经济学创始人威廉·配第（Willian Petty）最先对产业结构理论展开研究，配第在《政治算术》中指出，"工业比农业收入多，商业又比工业的收入多，即工业比农业、商业比工业附加值高"。1940年，英国经济学家科林·克拉克（Colin Clark）在配第的研究基础上做了完善，揭示了随着人均收入水平的提高，劳动力逐步从第一产业向第二产业继而向第三产业转移的产业结构演进规律，也即配第—克拉克定理。而之后的美国经济学家西蒙·库兹涅茨（Simon Kuznets）对产业结构的演进规律作了进一步探讨，他的主要贡献在于将产业结构重新划分为"农业部门""工业部门"和"服务部门"，并提出了著名的库兹涅茨法则，阐明了在三次产业之间，劳动力和国民收入相对分布变化的一般规律。

产业结构升级就正是以产业结构理论为切入点，研究产业结构在不同的经济发展阶段呈现出一定的发展规律，研究普遍认为产业结构升级是产业结构合理化和高度化的有机统一。

四 生态现代化理论

生态现代化的概念是德国学者约瑟夫·胡伯（Joseph Huber）在20世纪80年代提出来的，经过30多年的发展，已成为环境治理的主流理论，受到经济学、社会学、管理学等多学科的关注。该理论主张建设生态现代化，在经济增长与环境保护中寻求平衡，走生态友好、可持续发展之路，发挥生态优势推进现代化进程，体现了一种在追求经济理性的同时也要注重生态理性的发展理念。

生态现代化理论从一开始就强调技术创新在环境治理中的重要作用，其核心机制是通过技术创新实现"经济生态化"，通过制度创新实现"生态经济化"[1]。生态现代化学者所坚持的技术观曾一度备受诟病，因为有学者认为正是技术的进步造成了日益严重的环境问题，但生态现代化学者坚信技术成就了所有成功的环境改革，他们关于技术创新的观点主要包括：要将末端治理转变为预防型、清洁型技术的应用；要把单个技术的创新转变为复杂的"社会—技术体系"的系统创新[2]。

事实上，生态现代化理论给中国的生态文明建设提供了良好的思路，绿色发展已上升为国家发展战略。在此理论和现实背景下，把发展环境友好型产业、推行绿色创新技术等内涵加入产业结构升级的目标中，将构成本书的一个重要研究内容。

第二节　资本深化与技术创新协同的机理分析

资本深化为技术创新的开展提供了物质基础，技术创新又将提升经济体对新增资本的吸收能力。二者之间的互动机制主要表现在以下几个方面。

第一，适度的资本深化能刺激和促进技术创新，二者产生协同效应，也即资本体现式技术创新。现如今资本深化已不再是简单的规模扩张，资本投入新技术的开发和应用中，与技术融合孕育出新的投资品。任何技术创新的产生和扩散都是以资本积累为前提和保障的，适

---

[1] Dryzek J. S., "Complexity and Rationality in Public Life", *Political Studies*, Vol. 35, No. 3, 2006.

[2] 金书秦、Mol A. P. J.、Bluemling B.：《生态现代化理论：回顾和展望》，《理论学刊》2011年第7期。

度的资本积累通过投资于机械设备（硬件）和人力资本（软件）使得企业拥有技术创新的"本钱"和动力。另外，资本深化能通过提升劳动生产率影响技术创新，资本深化是劳动生产率提高的主要原因[①]。有研究表明劳动生产率增长有35%—43%源于资本深化，而劳动生产率的提高又带动了人均收入的提升，因而有更多的资金和人力投入技术创新活动。

第二，资本深化促进技术创新是有条件的，过度的资本深化反而会抑制技术创新。当资本深化加剧，资本价格波动明显，从而催生投机行为，导致经济的泡沫化时，新建企业和项目的重置成本势必提高，在一定程度上抑制了技术创新投入，实体经济出现"效率空心化"现象。同时，过度的资本深化超出了资源的最优配置比例，也造成了边际产量递减的后果，使得资本的产出效率下降，技术进步的空间变小，经济增长放缓。此时，资本深化对技术创新表现出"挤出效应"。

第三，技术创新反过来可以推动资本深化。技术物化于设备，任何生产技术总是依托于资本品这一载体的，因此新技术的研发和应用过程愈来愈依赖于固定资产的投资，高技术创新水平必然伴随着高设备投资率，而技术创新所需的精密仪器、试验设备等都需要大量的资金投入，所以研发部门大多是高资本密集型的。另外，资本要素的相对价格会随着技术创新投入的增加而下降，加之劳动力成本的上升，使得企业更青睐于增加资本要素的投入，如扩建厂房、生产线等，导致资本的持续深化，且更多的技术创新带来更高的资本回报率，也能激励新一轮资本的投入。基于此，技术的创新和升级势必会导致经济体内资本存量的上升，也即技术创新推动了资本深化。

由此可知，适度的资本深化与技术创新所组成的二元系统相互合作、相互激励，实现了功能互补、调节顺畅的协同效应，促进系统整体功能倍增。

---

① 宫旭红、曹云祥：《资本深化与制造业部门劳动生产率的提升——基于工资上涨及政府投资的视角》，《经济评论》2014年第3期。

资本深化与技术创新的协同机理可以用图 3-1 表示。

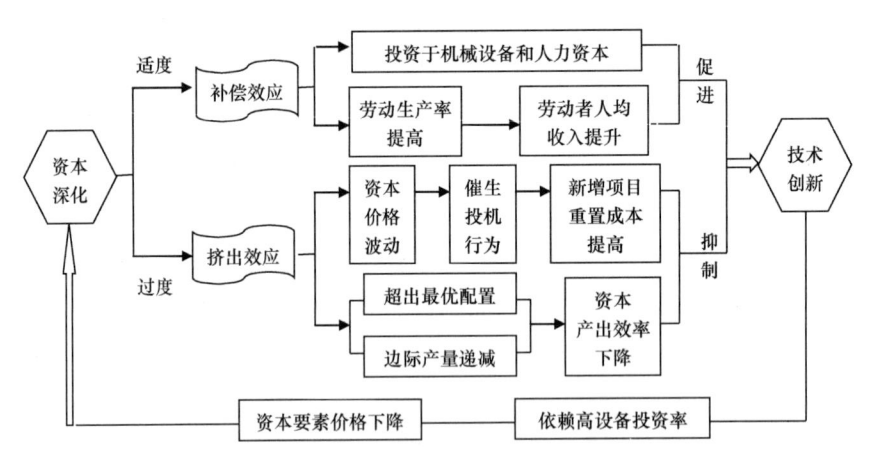

图 3-1　资本深化与技术创新的协同机理

第三节　资本深化与技术创新协同推进产业结构升级的微观机理

一　微观层面资本深化与技术创新协同影响企业技术进步的机理

熊彼特创新理论认为,创新是新产品、新市场、新原料供应来源、新生产技艺、新组织形式的组合,创新使得企业在投入生产要素后,创造更多的产出。而资本深化在企业层面表现为资本劳动比的不断提升,意味着企业在生产经营过程中资本积累比劳动力积累的速度更快。金融深化、工资上涨和企业投资等因素直接导致了企业资本的深化。企业层面的资本深化可以与技术创新产生协同效应,使得创新投入在改进原有生产技术、生产工艺的基础上提升企业的全要素生产率,促进企业技术进步。从具体路径来看,第一,资本深化与技术创新协同有利于企业知识资本的积累,知识资本最终会转化为生产率提升以及创新成果产出的动力;第二,由上一小节技术创新对资本深化的作用机理可知,技术创新投入通过影响资本要素价格促进企业增加资本投资，企业在规模经济的带动下促进全要素生产率的提高；第三，资本深化与技术创新协同可以提升企业的资源配置效率，引导生产要素由低效率部门流向高效率部门，在提高要素投入产出效率的同时促进企业技术进步。

然而，企业在不同的资本深化程度下，资本深化与技术创新结合对企业技术进步的影响可能存在差异。资本的适度深化能刺激和促进技术创新，是技术创新产生以及扩散的基础和保障[1]，充足的资本积累为新技术的研发提供了必要的"硬件"支持，同时又为高素质人才的后续教育和培训机会提供了"软件"保障，二者产生协同效应，促进企业技术进步，而技术的进步又能进一步提升企业吸收新增资本的能力，形成良性循环。因此，资本的适度深化与技术创新结合带来的协同效应对企业技术进步起到了重要的助推作用。

当资本过度深化时，则在要素边际效用递减及资源配置扭曲等因素的作用下对技术创新产生抑制作用，甚至会阻碍企业的技术进步。当资本深化程度超过某一临界值时，投入要素的增加并不能带来产出的同比例增加，不能弥补资本边际产出下降所带来的效率降低，这是由资本的边际报酬递减规律决定的，此时，资本的持续深化与技术创新投入的增加对企业技术进步产生了消极的影响。同时，当人力资本的培养速度长期落后于物质资本深化速度，以及与之相匹配的资源配置跟不上资本深化的步伐时，出现倒挂式资本深化现象，单纯依靠创新投入将难以保证企业技术进步的可持续性，资本深化与技术创新投入的持续增长对企业效率产生"挤出效应"。可见，企业应该注重资本深化的"质"而不是"量"。

二 企业技术进步促进产业结构升级的机理

企业技术进步是产业结构升级的根本动因。Denison[2]从理论上分

---

[1] 朱轶、吴超林：《中国工业资本深化的区域特征与就业效应——兼论分权体制下资本深化态势的应对》，《南开经济研究》2010年第5期。

[2] Denison E. F., *Accounting for United States Economic Growth 1929 – 1969*, Washington: Brookings Institution, 1974.

析了技术进步通过改变需求结构促进产业结构转换、推动经济增长的机理，强调了技术进步在产业结构升级过程中的突出贡献。李健和徐海成[①]运用 VAR 模型对技术进步和技术效率对产业结构调整的动态效应进行分析，得出了技术进步是优化产业结构根本途径的结论。随着科学技术水平的不断提高，劳动者素质、生产技术基础、企业管理水平等都将随之发生变化，从而带动劳动生产率的变动。从产业结构升级的三方面目标来看，产业部门间劳动生产率的提升，促进了生产要素在不同部门间的流动，进而推动产业结构向合理化发展。而在前文对产业结构高度化的界定中也提到，各产业劳动生产效率的提升是产业结构高度化的显著标志之一，劳动生产率高的产业将逐渐淘汰生产率低的产业，并催生新兴产业的诞生。因此，劳动效益提升所依赖的技术的不断进步和成熟成为产业结构高度化的重要原因，在技术进步中占据领先地位的企业将逐渐主导产业发展趋势。另外，企业技术进步能节约能源的投入，提高生产过程中对资源的利用效率，且绿色创新技术的研发和应用、清洁生产、末端治理能力的提升又能降低对环境造成的负面影响。这些都有利于产业结构的绿色化升级。

根据以上分析可以发现，在适度的资本深化条件下，企业层面资本深化与技术创新协同推进产业结构升级可以通过企业技术进步这一中介效应来达成。用图 3-2 概括二者协同对产业结构升级的微观影

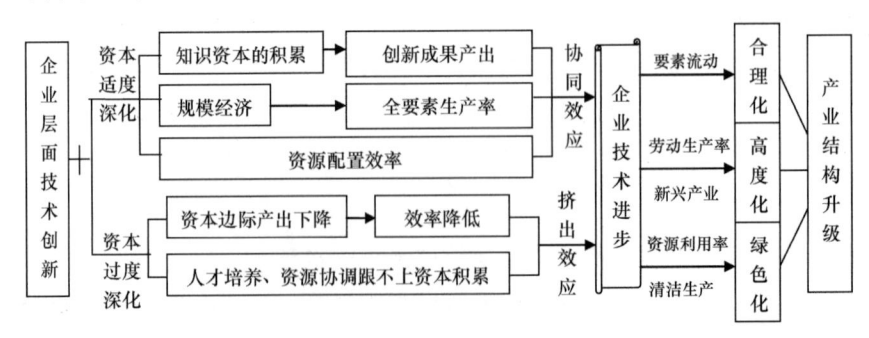

图 3-2　资本深化与技术创新协同影响产业结构升级的微观机理

---

① 李健、徐海成：《技术进步与我国产业结构调整关系的实证研究》，《软科学》2011 年第 4 期。

响机理。

第四节 资本深化与技术创新协同推进产业结构升级的宏观机理

从供给角度看，国民经济总产出 Y 是由第一、第二、第三产业产出之和构成的，即：

$$Y = Y_1 + Y_2 + Y_3 \qquad (3-1)$$

Y_1、Y_2、Y_3 分别代表第一、第二、第三产业的产出总量。

根据柯布—道格拉斯生产函数，各产业部门传统的生产要素包括资本、劳动力和技术进步，但这些只是产业成长的必要条件，而非充分条件。学者普遍认为能源与传统生产投入要素一样，对经济增长起着重要的作用，如陈诗一[1]、Brock 和 Taylor[2] 等。基于此，假设每个部门的生产要素投入包含劳动、资本和能源三种，将柯布—道格拉斯形式的生产函数改写成如下形式：

$$Y_i = A_i F(K, L, E) = A_i (\lambda_i K)^{\alpha_i} (\mu_i L)^{\beta_i} (\nu_i E)^{\gamma_i} \quad i = 1, 2, 3 \qquad (3-2)$$

其中，A_i 为第一、第二、第三产业部门的技术进步水平，K、L、E 分别代表资本、劳动、能源投入量，α_i、β_i、γ_i 分别代表第 i 产业部门资本、劳动和能源的产出弹性。

由（3-2）式可以进一步推导出：

$$\frac{\Delta Y_i}{Y_i} = \ln A_i + \alpha_i (\ln \lambda_i + \ln K) + \beta_i (\ln \mu_i + \ln L) + \gamma_i (\ln \nu_i + \ln E) \quad i = 1, 2, 3 \qquad (3-3)$$

将（3-1）式改写成增长率形式，得到：

---

[1] 陈诗一：《能源消耗、二氧化碳排放与中国工业的可持续发展》，《经济研究》2009 年第 4 期。

[2] William A. Brock and M. Scott Taylor, "The Green Solow model", *Journal of Economic Growth*, Vol. 15, No. 2, 2010.

$$\frac{\Delta Y}{Y} = \frac{\Delta Y_1}{Y} + \frac{\Delta Y_2}{Y} + \frac{\Delta Y_3}{Y} \qquad (3-4)$$

对 (3-4) 式做一些变形，可得：

$$\begin{aligned}\frac{\Delta Y}{Y} &= \frac{Y_1}{Y} \times \frac{\Delta Y_1}{Y_1} + \frac{Y_2}{Y} \times \frac{\Delta Y_2}{Y_2} + \frac{Y_3}{Y} \times \frac{\Delta Y_3}{Y_3} \\ &= \theta_1 \frac{\Delta Y_1}{Y_1} + \theta_2 \frac{\Delta Y_2}{Y_2} + \theta_3 \frac{\Delta Y_3}{Y_3} \end{aligned} \qquad (3-5)$$

其中，θ_1、θ_2、θ_3 分别代表第一、第二、第三产业部门产出占总产出的比重，有 $\theta_1 + \theta_2 + \theta_3 = 1$。

将 (3-3) 式带入 (3-5) 式，化简可得：

$$\begin{aligned}\frac{\Delta Y}{Y} =\ & (\theta_1 \ln A_1 + \theta_2 \ln A_2 + \theta_3 \ln A_3) + (\theta_1 \alpha_1 + \theta_2 \alpha_2 + \theta_3 \alpha_3)\ln K \\ & + (\theta_1 \beta_1 + \theta_2 \beta_2 + \theta_3 \beta_3)\ln L + (\theta_1 \gamma_1 + \theta_2 \gamma_2 + \theta_3 \gamma_3)\ln E \\ & + (\theta_1 \alpha_1 \ln \lambda_1 + \theta_2 \alpha_2 \ln \lambda_2 + \theta_3 \alpha_3 \ln \lambda_3) \\ & + (\theta_1 \beta_1 \ln \mu_1 + \theta_2 \beta_2 \ln \mu_2 + \theta_3 \beta_3 \ln \mu_3) \\ & + (\theta_1 \gamma_1 \ln \nu_1 + \theta_2 \gamma_2 \ln \nu_2 + \theta_3 \gamma_3 \ln \nu_3) \end{aligned} \qquad (3-6)$$

(3-6) 式代表的是产业结构变动的非均衡经济增长模型。其中，$\theta_1 \ln A_1 + \theta_2 \ln A_2 + \theta_3 \ln A_3$ 是第一、第二、第三产业部门的技术进步水平对总产出的贡献，以各产业部门产值占比为权数；$(\theta_1 \alpha_1 + \theta_2 \alpha_2 + \theta_3 \alpha_3)\ln K$、$(\theta_1 \beta_1 + \theta_2 \beta_2 + \theta_3 \beta_3)\ln L$、$(\theta_1 \gamma_1 + \theta_2 \gamma_2 + \theta_3 \gamma_3)\ln E$ 分别代表资本、劳动和能源投入的增加对总产出的贡献份额，其决定因素是各产业部门产值以及各生产要素的弹性大小；$(\theta_1 \alpha_1 \ln \lambda_1 + \theta_2 \alpha_2 \ln \lambda_2 + \theta_3 \alpha_3 \ln \lambda_3)$、$(\theta_1 \beta_1 \ln \mu_1 + \theta_2 \beta_2 \ln \mu_2 + \theta_3 \beta_3 \ln \mu_3)$、$(\theta_1 \gamma_1 \ln \nu_1 + \theta_2 \gamma_2 \ln \nu_2 + \theta_3 \gamma_3 \ln \nu_3)$ 代表着资本、劳动和能源要素在各产业部门间的流动对总产出的贡献，分别反映了各生产要素流动所引起的产业结构变动效应或资源配置效应。

(3-6) 式表明决定经济增长的主要因素包括：资本、劳动、能源要素投入的增加及产出弹性，各产业部门的技术进步水平，各产业部门产值在总产出中所占的比重，各生产要素在部门间流动相对总产出的贡献大小。由此可见，产业结构是决定经济增长的重要内生变量，对产业结构进行优化升级对推动经济增长有着重要的意义，而生产要素在各产业部门间流动是产业结构日趋协调、向合理化发展的前提,技术进步则是产业结构整体素质向更高层次演进的必经路径,而能源的节约、利用率的提升则是产业结构绿色化升级的必要前提。下面就从合理化、高度化和绿色化三个方面分别分析宏观层面资本深化、技术创新对产业结构升级的影响机理。

一 宏观层面资本深化与产业结构升级

资本深化的单独作用对产业结构升级是否起到了积极的助推作用?本小节拟从产业结构升级的三个方面目标来进行具体分析。

(一) 资本深化对产业结构合理化的影响机理

资本深化能否推动产业结构合理化发展,关键取决于资本要素的流向是否符合产业协调发展的规律。当资本的流向促成了产业的类型结构合理布局、产业的比例结构与经济发展匹配时,资本深化能促进产业结构合理化;反之,将阻碍产业结构合理化进程。某一产业得到充裕的资本支持,在一定程度上能促进该产业的快速成长,而长期缺乏资本支持的产业必将逐步走向衰落。但是,当产业积累了过高的资本存量时,可能出现资本对劳动的过度替代,劳动力的大量流失将对产业结构合理化发展造成不利的影响。

(二) 资本深化对产业结构高度化的影响机理

产业结构高度化,也即表现为初级产业向高级产业转变,低附加值产业向高附加值产业的转变。随着整个社会资本深化程度的加大,也意味着劳动力增长速度长期滞后于资本累积速度,这就使得全社会工业产品相对过剩,进而直接导致了工业品价格的下降,资本的本质决定了资本会追逐高利润产业而舍弃低利润产业。因此,制造业(高资本密集度)的投资吸引力降低,造成制造业的部分资本流出,转而流向服务业(低资本密集度),服务业在新增资本的支持下得到快速成长。这样一来,产业结构由第二产业向第三产业转变。另外,在良性的产业组织成长环境中,资本倾向于在技术先进、低成本高效益和经营管理完善的企业或产业集聚,并以高效率规模形式逐渐淘汰低效率和无效率的规模形式,促进了产业结构向更高层级演进。

(三) 资本深化对产业结构绿色化的影响机理

资本深化对产业结构绿色化的影响存在两面性。适度的资本深化为产业绿色化升级提供了必要的物质基础，因为生态保护、环境治理都需要以资本支持作为前提，清洁化生产、末端污染治理都离不开节能、净化等相关固定资产投资，故适度的资本深化对产业结构绿色化具有积极的促进作用。然而，当今中国环境质量与经济发展之间的矛盾日益激化，当资本过度深化时，以资源消耗和投资驱动为主的传统经济增长模式受到冲击，依靠资本投入推动的高速增长不仅不可持续，还造成了严重的环境问题。那些高耗能、高污染的行业往往都是资本密集型行业，如钢铁、水泥、化工等重工业都是集聚了大量的物质资本，由于技术水平相对落后，环境治理的意识和能力不强，在重工业的生产过程中消耗了大量的非清洁能源，排放了大量的有害污染物，对环境造成严重的破坏，阻碍了产业结构的绿色转型。因此，过度的资本深化对产业结构绿色化产生了消极的影响。

综上所述，资本深化对产业结构升级的影响机理可以概括如图 3-3 所示。

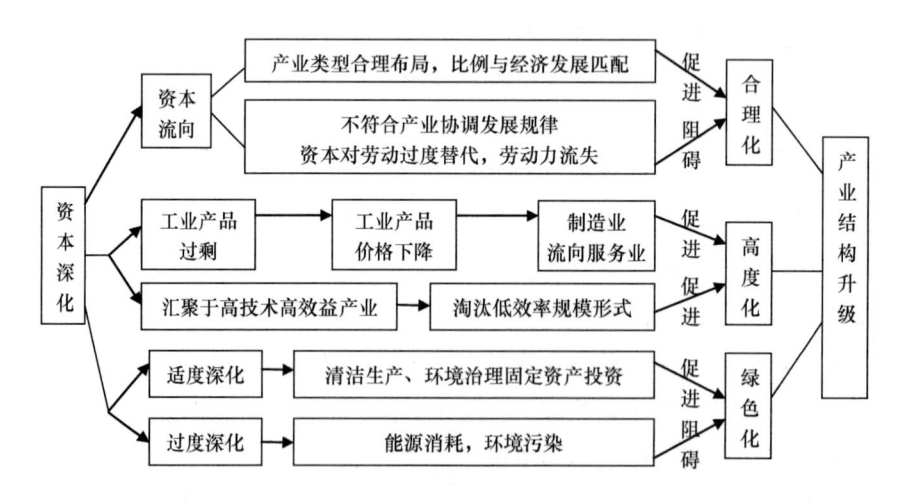

图 3-3 资本深化对产业结构升级的影响机理

二 资本深化与技术创新协同促进产业结构升级的机理分析

基于上一小节的分析,资本深化单独作用于产业结构升级时,在某些情况下会产生负面的影响,而技术创新所引致的技术进步是产业结构演进的根本动力,将技术创新与资本深化结合,变"投资驱动"为"创新驱动",可以克服单纯依赖资本深化时的缺陷。正是基于这种思路,本小节进一步剖析资本深化与技术创新协同对产业结构升级是否起到更好的助推作用。

(一)资本深化与技术创新协同促进产业结构合理化的作用机理

不同产业的技术创新水平存在差异,当某些产业技术创新水平较为突出时,它们可能会产生规模报酬递增效应从而得到快速发展,不同产业可能会出现交替增长、优胜劣汰的演化过程。技术创新存在溢出效应,其在某些产业的应用可以扩散和渗透到其他产业,促进了产业间的融合,使其得到共同发展,产业之间的关联性加强、协调度提高。

另外,技术创新程度的不同导致了不同产业的生产率、利润率的差异,促进了劳动力在不同产业间的流动。同时也加强了劳动分工的精细程度,进而改变不同类型就业人员的比例。这些都将推动产业结构的日趋合理化。

(二)资本深化与技术创新协同促进产业结构高度化的作用机理

资本深化与技术创新的结合,可以改善供给和需求结构,从而促进产业结构向高度化演进。

在供给方面,资本与技术的融合可以更新和提升产业原有的生产工具、生产工艺和技术,大大提高劳动生产率,降本增效,促进生产要素由低技术产业向高技术产业流动,有助于高技术产业的规模扩张,推动产业从低附加值向高附加值演进。同时,资本投资和技术进步也将带动大批新兴产业蓬勃发展,或者是在原有产业和产业部门的基础上刺激分解出新的产业和产业部门。比如第三次产业革命以微电子、新型材料、原子能等高新技术为基础,就催生了航天航空、核能及核工业等一系列新兴产业的诞生。

对于劳动力供给,技术创新能提升劳动力的素质技能,改善人力资本的智力结构,提高劳动收入,促进劳动力从农业部门到工业部门再到服务业部门的流动,也即通过影响人力资本的就业结构来促进产业结构高度化升级。

在需求方面,技术的创新与进步将带来新材料、新产品,创造新需求,影响到整体的消费结构,消费需求结构的升级会带动产业结构向更高层次转化。一旦产业结构不能与需求结构相匹配,容易造成低水平的结构性过剩[1]。如中国钢铁、煤炭等行业均面临较为严重的产能过剩困境,低端产能过剩和高端产品紧缺并存,甚至部分新兴产业也出现了低端过剩的苗头,这也倒逼相关产业必须加快转型升级的步伐。

(三) 资本深化与技术创新协同促进产业结构绿色化的作用机理

资本深化与技术创新融合之后,可以发挥节约能源、提升能源利用效率的作用,促进产业绿色化发展。一方面,技术的进步催生新材料、新工艺、新产品,在提高生产效率的同时也能降低能源的消耗、提高能源的综合利用率。黄山松和谭清美[2]的研究表明,资本密集度高的行业能源效率最低,技术创新能显著提高整体能源效率。另一方面,技术创新可以开发利用新能源替代传统能源,比如太阳能、风能、地热能、生物质能等可循环的清洁能源去替代被广泛使用的煤炭、石油、天然气、水能等传统能源。当前,成本因素是制约新能源应用的关键因素之一,但国际能源署(IEA)的预测表明,在未来 30 年,随着技术的进步,可再生新能源应用的技术成本将呈不断下降的趋势。

资本深化与技术创新的结合,能减少污染的排放,从保护环境的角度促进产业结构的绿色化升级。首先,生产过程中对自然资源等原

---

[1] 许庆瑞、吴晓波:《技术创新、劳动生产率与产业结构》,《中国工业经济研究》1991年第12期。

[2] 黄山松、谭清美:《制造业能源效率测算与影响因素分析》,《技术经济与管理研究》2010 年第 6 期。

材料和中间投入品的过度依赖可以随着技术的发展而逐渐降低，避免资源的耗尽和环境的严重破坏。其次，通过绿色技术创新（如清洁生产技术、高效节能技术、末端治理技术等），改造传统生产工艺，淘汰落后设备，提高资源利用效率，有助于企业实施清洁生产，直接降低"三废"排放总量和排放强度。最后，绿色创新具有"双重外部性"，即在创新阶段和扩散阶段均能产生明显的溢出效应[①]，其他企业通过效仿也能获得这项技术，通过这种技术的溢出和扩散，提高了区域产业的整体技术基础，形成良性循环，从而改变经济增长方式，促进产业绿色化发展。

基于以上分析，绘制资本深化、技术创新协同对产业结构升级的宏观影响机理如图3-4。

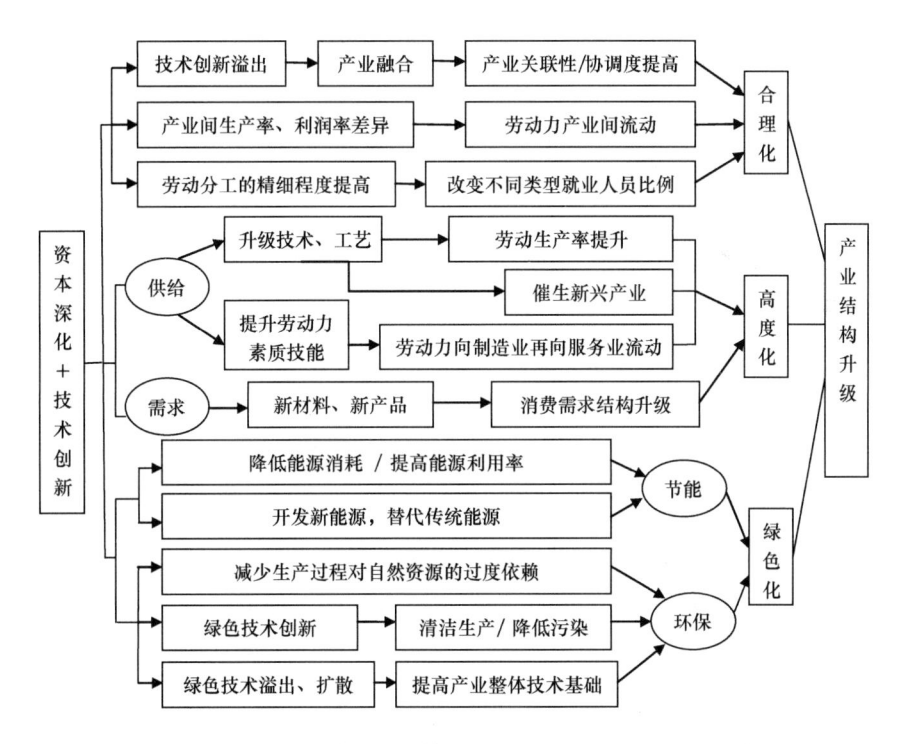

图3-4 资本深化与技术创新协同对产业结构升级的宏观影响机理

---

① Rennings K., "Redefining Innovation—eco-innovation Research and the Contribution from Ecological Economics", *Ecological Economics*, Vol. 32, No. 2, 2004.

第五节 资本深化、技术创新与产业结构升级的反馈环基模分析

本小节站在系统思维的视角，把资本要素、技术创新和产业结构作为三个子系统，分析三元系统内各因素的相互制约、相互依赖关系及动态变化趋势，以拓宽资本深化、技术创新与产业结构升级作用机制的研究视野。为第四章开始的实证研究中评价指标的选取提供思路。

现代管理大师彼得·圣吉在《第五项修炼——学习型组织的艺术与实务》一书中描绘了现代管理系统的八种基模，由此创建了系统动态性复杂反馈环基模分析技术。[①] 通过基模分析，能清晰认识并掌握形势的变化，关注系统的整体而非局部，帮助做出正确的抉择。通过对各变量构成的反馈环的类型、数量和关联方式的分析，找到杠杆解，生成相应的管理对策。

本小节将利用系统基模分析技术，运用 Vensim PLE 软件构建并绘制资本—技术创新—产业结构三元系统的五个反馈环基模，分别是：增长上限反馈环基模、成长与投资不足反馈环基模、舍本逐末反馈环基模、恶性竞争反馈环基模和富者愈富反馈环基模，结合中国国情，描述并分析该系统内不同的反馈环作用。

一 资源环境制约下产业结构升级的增长上限反馈环基模

同增正反馈环和反增负反馈环与成长量相交构成增长上限反馈环基模，描述的是正反馈环的变量反馈的同增性导致成长，成长必然会遇到各类限制与瓶颈。然而，现实中多数的成长之所以停止，并非已经达到了真正的极限，而是因为正反馈环所带来的快速成长在不知不

---

① 彼得·圣吉：《第五项修炼——学习型组织的艺术与实务》，郭进隆译，上海三联书店1998年版。

觉中触动了一个负反馈环的运作，负反馈环的反增性使正反馈环的增长效应放缓、停止甚至下滑。

图3-5刻画的是资源环境制约下产业结构升级进程的增长上限反馈环基模，左边正反馈环描述的是产业结构升级进程中的一条增强回路，产业总产值的增加刺激投资额增加从而提升资本存量水平，资本用于投入技术创新，从而带来技术进步，技术进步进而又对产业结构升级起到了促进作用；右边的负反馈环则表明在资源环境承载力有限的制约下，产值的增加必然带来能源消费量、"三废"排放的增加，使得资源消耗和环境恶化日趋严重，对产业结构绿色化水平起到了抑制作用，不利于产业进一步的优化升级。

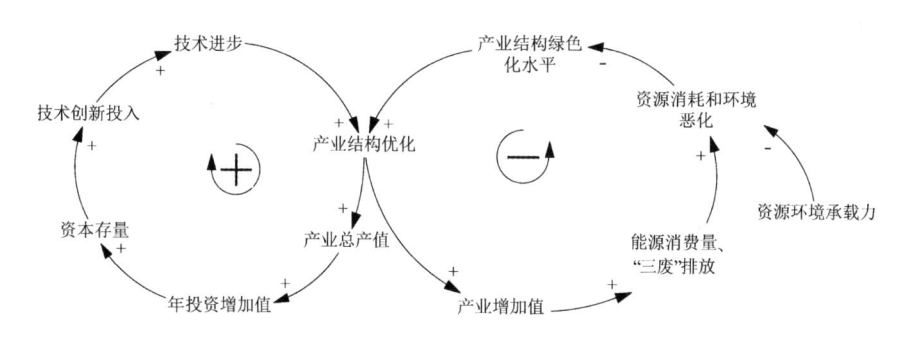

图3-5 产业结构升级的增长上限反馈环基模

对于增长上限反馈环基模的杠杆解在于消除制约，促进增长。因此，积极开展清洁技术、绿色产品的开发和推广，加大环境保护和污染治理力度，从而将反增性负反馈环改建为同增性正反馈环，共同促进产业结构的优化升级。

二 资源环境制约下产业结构升级的成长与投资不足反馈环基模

一个正反馈环、两个负反馈环构成成长与投资不足反馈环基模，描述的是如果某变量成长接近上限时，可以投资在"产能"的扩充上，以突破成长的极限，但是此投资必须积极，且应当在成长降低之前。然而大多数的做法都是在成长降低已经被发觉之后，由于投资产生的效果存在延迟效应，所以造成投资不足。

在产业结构优化的进程中，受资源环境承载力有限的影响，产业效率的增长达到上限，如图 3-6 所示，可以通过提升技术创新能力以开发新工艺、新技术、新产品，实现清洁生产，以突破成长上限，但对技术创新的投资必须积极地把握时机，必须在成长降低之前，否则将永远错失机会。

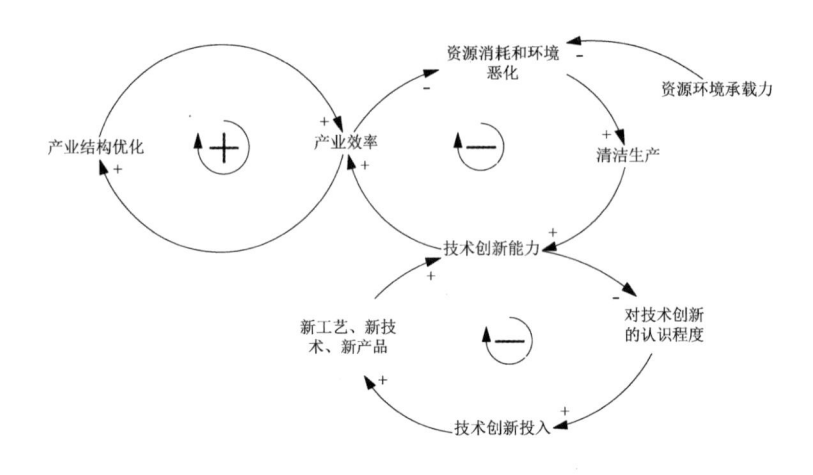

图 3-6 产业结构升级的成长与投资不足反馈环基模

三 产业结构升级的舍本逐末反馈环基模

两个负反馈环和一个正反馈环构成舍本逐末反馈环基模，描述的是潜在的问题常常在症状明显出现后才被注意，但由于问题的根源并不明显，或者需要付出极高的代价去克服，因此往往采用"治标不治本"的"解"来短期改善症状，这样并不能改变潜在的问题，有时甚至使得问题变得更严重。

图 3-7 刻画的是产业结构升级进程中面对产业低效率、低附加值等问题时的舍本逐末反馈环基模，上下反馈环各代表的是这一问题的症状解和根本解。如果只是一味地增加资本这一要素的投入，短期内或许可以起到增加产值的效果，但这只能暂时消除症状，产业结构低效率、低附加值的本质问题未能解决。如果过度依赖这种资本投入法，可能会造成过度资本深化，进而带来边际效用递减或者资源配置不当等新问题。

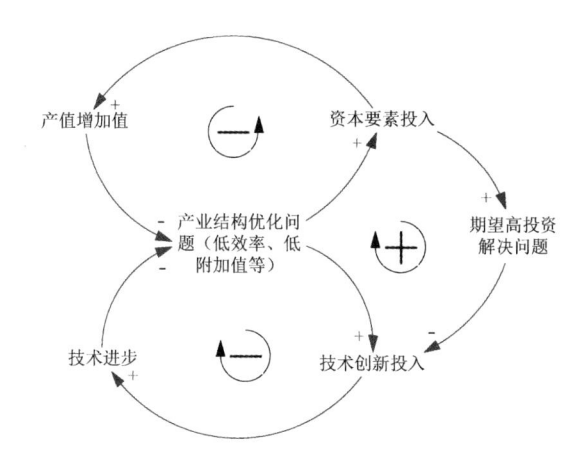

图 3-7　产业结构升级的舍本逐末反馈环基模

舍本逐末反馈环基模的杠杆解在于：将注意力集中在根本解，不要落入只解决症状的陷阱，如果根本解要发挥效应会存在延时性，在进行根本解的过程中，可以暂时用症状解来赢得时间。因此，要解决产业结构低效率、低附加值的问题，要把精力放在技术创新上，提升创新能力，促进技术进步，实现长远发展。

四　地区之间 GDP 竞赛的恶性竞争反馈环基模

由一个正反馈环、两个负反馈环构成恶性竞争反馈环基模，描述的是组织或个人把保持自己的福祉建立在胜过竞争对手的基础上，单方的行动是为了防止对方赶超的措施，进而导致对方采取更加积极的行动，最终陷入恶性竞争局面。

我国幅员辽阔，各地域资源禀赋不同，发展目标也不同，各地区之间存在着"GDP 竞标赛"的情况，如图 3-8 的恶性竞争反馈环基模可以刻画这种现象。为了减少 B 地区政绩的比较压力，A 地区采取防卫措施：盲目增加项目投资，给予本地区企业低价工业用地、低成本资金、廉价劳动力等大量优惠政策，从而使 A 地区产业总产值得到提升，美化了 A 地区的政绩，这又反过来给 B 地区官员造成了威胁，B 地区可能采取更加激进的行动，以显示出自己的优势，一旦赶超又给 A 地区造成新的威胁，从而陷入恶性竞争。这样的乐此不疲的"GDP 竞标赛"往往会造成产能过剩现象突出、资源消耗过快、环境污染严重等一系列惨痛的后果。

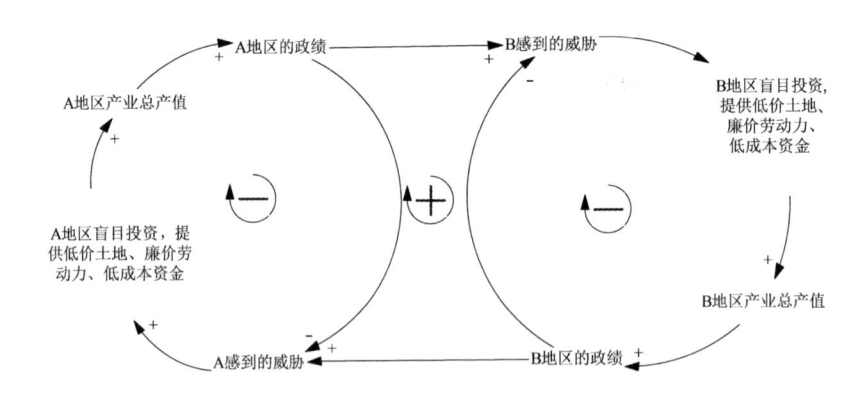

图 3-8　地区"GDP 竞标赛"的恶性竞争反馈环基模

恶性竞争反馈环基模的杠杆解在于寻求一个互相学习的双赢政策，改建具有同增性的正反馈环，实现共同发展。如在地方政绩考核中加入环境考核指标，把产业绿色化水平纳入产业结构升级评价体系，对于地方节能环保的举措，把"A 对 B 的威胁"变量改建为"B 向 A 学习"，建立互相学习的双赢正反馈环基模。

五　地区间产业发展的富者愈富反馈环基模

两个正反馈环构成富者愈富反馈环基模，描述的是两方活动为了有限的资源而竞争，一方由于表现更好而占据优势争取更多的资源，形成一个"增强回路"，于是表现得越来越好；而另一方则因为占有的资源越来越少而表现越来越差，形成一个反方向的"增强回路"。

图 3-9 刻画了不同地区间产业发展的富者愈富反馈环基模，左边反馈环表示 A 地区相对于 B 地区的产业优势越明显，对于有限的资本资源而言，A 对资本的吸引力越大，年投资增加值越高，资本存量越大，用于技术创新投入也越大，由此带来的技术进步对于 A 的产业优势起到了增强的效果。另外，右边反馈环则预示着 B 在相对弱势的

局面下对资本的吸引力下降，年投资增加值、资本存量、创新投入等一系列变量值都随之下降，使得 A 相对于 B 的产业优势差距进一步加大，长此以往，将会导致富者愈富、弱者愈弱的两极分化。

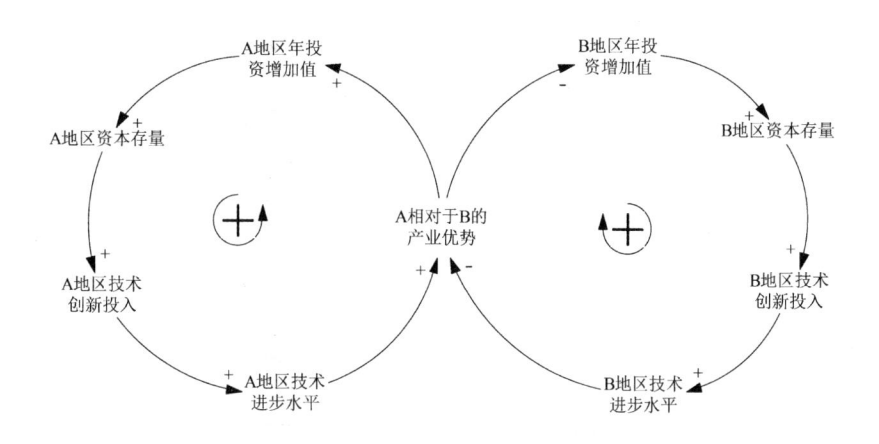

图 3-9　地区间产业发展的富者愈富反馈环基模

富者愈富反馈环基模的杠杆解在于：在资源分配时，除了考虑成绩表现这项标准外，更应注重整体均衡发展的更上层目标，创造公平的竞争环境，统筹发展。如对于产业优势相对落后的地区，政府要加大资金、技术、人力等的扶持力度，在财税、金融及产业政策上予以适当倾斜，改建具有同增性的两个正反馈环为动态反馈环，促进 A、B 地区实现共同发展。

第六节　本章小结

本章在梳理现代经济增长理论、协同学理论、产业结构理论以及生态现代化理论的基础上，分析资本深化与技术创新的协同机理，重点剖析资本深化与技术创新协同影响产业结构升级的微观机理和宏观机理，形成如下结论。

（1）资本适度深化从"硬件"和"软件"两方面为技术创新提

供支持从而发挥"补偿效应",而资本过度深化对技术创新表现出"挤出效应",反过来,技术创新又将提升经济体对新增资本的吸收能力,从而推动资本深化。(2)在适度的资本深化程度下,资本深化与技术创新协同引致企业技术进步,而企业技术进步又进一步为产业结构升级提供动力。(3)与单纯依赖资本深化时相比,资本深化与技术创新协同对产业结构合理化、高度化、绿色化升级均起到更好的助推作用。

本章在此基础上进一步构建了资本—技术创新—产业结构三元系统的五大反馈环基模,分别是资源环境制约下产业结构升级的增长上限反馈环基模、资源环境制约下产业结构升级的成长与投资不足反馈环基模、产业结构升级的舍本逐末反馈环基模、地区之间"GDP竞标赛"的恶性竞争反馈环基模和地区间产业发展的富者愈富反馈环基模。影响机理和反馈环基模构建对于厘清系统逻辑结构至关重要。

第四章

资本深化与技术创新协同及其测度分析

资本深化与技术创新的协同涉及多个层面,系统内各主体和要素在耦合协调、联动共生的运动规律作用下,逐渐从无序变为有序,系统功能得到提升,结构得以优化。本章将开始第一阶段的实证研究,首先对中国 30 个省(直辖市、自治区)(以下简称省域)[①] 的资本存量进行测算;其次构建区域技术创新水平的指标评价体系,并采用熵权法赋权计算技术创新综合指数;最后在此基础上从耦合协调性和联动共生性两方面分别对省域层面和企业层面的资本深化与技术创新协同水平进行量化分析,从而更好地把握资本深化与技术创新之间的相互作用关系,为后文实证研究二者协同对产业结构升级的影响做铺垫。

第一节 全国及各省域资本存量水平的再测算

资本存量是宏观经济研究中的一个重要变量,但资本存量没有官方公认的数据,以学者为主的民间研究群体成为资本存量估算的主要

---

① 未包括西藏,原因是西藏的相关统计数据缺失严重。

群体，如张军[①]、单豪杰[②]、叶宗裕[③]、贾润崧、张四灿[④]等都做出了重要的贡献。根据已有文献，对资本存量估算普遍采用的方法是戈登史密斯（Gold Smith）在1951年开创的永续盘存法（Perpetual Inventory），其公式表达如下：

$$K_t = K_{t-1} \times (1 - \delta_t) + I_t / P_t \qquad (4-1)$$

其中，K_t、I_t、P_t 和 δ_t 分别为 t 期实际资本存量、现价投资量、定基价格指数和资本折旧率。

估算过程中需要确定四个变量：折旧率、基期资本存量、价格指数和当期投资量。部分变量必须通过相关计算才能得出，并且在确定某些变量的过程中，存在官方数据缺失的情况，现有文献对这四个变量的选取及对缺失数据的处理已做了较为详尽的讨论。本节主要是借鉴单豪杰[⑤]对资本存量估算的方法，确定相关的变量，对我国各省域1978—2017年的资本存量进行估算及分析。

一 折旧率的处理

折旧率的确定在全国以及省域资本存量的测算中是一个比较重要的问题。之前已经有诸多学者研究了如何确定折旧率，主要有两种方式，第一种是折旧率的确定考虑时间和省份的差异，第二种是全国及每个省份都取固定的折旧率。在综合考虑测算的难度以及准确性之后，本章确定在测算全国资本折旧率时沿用单豪杰在其文献中使用的不区分时间段的统一折旧率 10.96%。此数据是在假定建筑年限为 38 年和设备年限为 16 年的情况下，计算出建筑和设备折旧率分别为 8.12%、17.08%，通过其在统计年鉴中所占的结构比重加权平均得

---

① 张军、吴桂英、张吉鹏：《中国省际物质资本存量测算：1952—2000》，《经济研究》2004年第10期。

② 单豪杰：《中国资本存量K的再估算：1952—2006年》，《数量经济技术经济研究》2008年第10期。

③ 叶宗裕：《中国省际资本存量测算》，《统计研究》2010年第12期。

④ 贾润崧、张四灿：《中国省际资本存量与资本回报率》，《统计研究》2014年第11期。

⑤ 单豪杰：《中国资本存量K的再估算：1952—2006年》，《数量经济技术经济研究》2008年第10期。

出每年的折旧率。

而测算省域资本折旧率分为两个时期:第一个时期是1978—1992年,由于在这些年间各省域数据的连续性及准确性有待考证,据此选择张健华、王鹏①通过估算与实际比较确定的各省域1978—1992年的最优折旧率。数据见表4-1。

表4-1　　　　　　　　1978—1992年各省域折旧率

省域	折旧率	省域	折旧率	省域	折旧率	省域	折旧率	省域	折旧率
北京	5.6	吉林	9.0	福建	7.8	广东	9.2	云南	3.3
天津	5.7	黑龙江	9.0	江西	3.9	广西	4.8	陕西	5.1
河北	6.6	上海	7.4	山东	6.8	海南	3.6	甘肃	2.9
山西	6.6	江苏	9.2	河南	6.6	重庆	8.7	青海	2.8
内蒙古	8.4	浙江	7.9	湖北	7.9	四川	8.7	宁夏	3.6
辽宁	9.8	安徽	7.3	湖南	6.8	贵州	3.6	新疆	3.4

资料来源:张健华、王鹏:《中国全要素生产率:基于分省份资本折旧率的再估计》,《管理世界》2012年第10期。

第二个时期是1993—2017年,在这一个时期,由于现有的统计数据缺失以及遗漏,折旧率依旧较难计算,因此选择单豪杰在对省际资本存量测算时使用的10.96%作为折旧率。

二　当期投资额的选取

通过笔者的研究发现,大多数学者对于投资额的选取,主要有三种方法:其一为积累额,其二是选用固定资本形成总额,其三是选取全社会固定资本投资。

对于积累额,在1993年以后新的统计体系下已经不再公布积累数据,也没有相应的价格指数,如需沿用需要进行一系列的处理。除了数据来源方面的问题,利用这个指标还有一个重要的问题是,在积

---

① 张健华、王鹏:《中国全要素生产率:基于分省份资本折旧率的再估计》,《管理世界》2012年第10期。

累额的分类下生产性积累中还包括土地和存货投资，对于这二者，现在还很难进行测算。在当前利用永续盘存法估算资本存量的情况下，基于这几点考虑，积累额已经不适合再作为投资数据的选取对象。

固定资本形成总额是指在一定时期内生产者所获得的固定资产减处置的固定资产的价值总额，但是此指标不易于处理且2013年后的官方数据难以获取，故予以舍弃。

而对于全社会固定资产投资额，是指以货币形式表现的在一定的时期内全社会建造和购置固定资产活动的工作量以及与此有关的费用的总称。该数据具有时间序列长，数据较完整的优点，且官方数据易于获取。李宾[1]指出，在测算资本存量时全社会固定资产投资与固定资本形成总额表现很相近，因此认为全社会固定资产投资额是一个较好的选择。1978—2017年全国及各地区固定资产投资额来自《中国统计年鉴》。

三 投资价格指数的确定

用永续盘存法估算资本存量时，主要是采用不变价格，所以要选择恰当的价格指数，将每年的投资额换算成不变价格的投资额，才能准确地估算出资本存量。与大多数文献一样，以固定资产投资价格指数作为投资价格指数，固定资产投资价格指数是反映一定时期内固定资产投资品及取费项目的价格变动趋势和程度的相对数，但由于1992年以前我国没有公布固定资产投资价格指数，所以1978—1991年的投资价格指数在大多数文献中由其他价格指数替代，如居民消费价格指数CPI、商品零售价格指数、GDP平减指数等，如谢千里[2]用建筑安装平减指数和设备采购平减指数替代固定资产投资价格指数，单豪杰[3]则是利用自行构建的价格指数。在本书中，1978—1991年的投资

---

[1] 李宾：《我国资本存量估算的比较分析》，《数量经济技术经济研究》2011年第12期。

[2] 谢千里、罗斯基、郑玉歆：《改革以来中国工业生产率变动趋势的估计及其可靠性分析》，《经济研究》1995年第12期。

[3] 单豪杰：《中国资本存量K的再估算：1952—2006年》，《数量经济技术经济研究》2008年第10期。

价格指数由消费者价格指数替代,其中,河北、内蒙古、辽宁、浙江、安徽、江西、广东、四川、青海 1979 年 CPI 数据缺失,以 1979 年作为基期计算价格指数。重庆以 1991 年作为基期计算价格指数。

1992 年之后官方开始公布"固定资产投资价格指数",故 1992—2016 年全国及各地区固定资产投资价格指数数据均来自《中国统计年鉴》。其中,浙江省缺失 1992 年数据,广东省缺失 1993—2000 年数据,海南缺失 1992—1999 年数据,均由相应年份的居民消费指数 CPI 替代。重庆缺失 1992—1996 年数据,因重庆 1997 年成为直辖市,1992—1996 年缺失的指数由四川省 1992—1996 年的 CPI 替代。

四 基期资本存量的确定

基期资本存量的确定首先要选择基期年份,基期选择越早,基期资本存量对后期资本存量测算的影响越小,李宾[1]的研究进一步证实了这一点。基于此,把 1978 年定为基期。

基期资本存量的测算工作量巨大且烦琐,主要测算方法包括资本产出比法、增长率法、计量法等,不同学者的测算结果相差较大,王海龙[2]通过挑选出关于测算省域资本存量的四篇代表性文献,根据文献中给出的基期资本存量数据和投资平减指数数据,计算了 10 组基期资本存量(1978 年),并经过计算比较来确定更为合理的基期资本存量。本书借鉴其研究成果,最终确定的各省域基期 1978 年资本存量数据如表 4-2 所示。

至于以 1978 年为基期的国家层面资本存量,本书选择陈昌兵[3]利用增长率法和计量法估计的 14331.97 亿元作为全国资本存量基期数。

---

[1] 李宾:《我国资本存量估算的比较分析》,《数量经济技术经济研究》2011 年第 12 期。

[2] 王海龙:《资本深化、技术进步与产业结构升级》,硕士学位论文,浙江财经大学,2015 年。

[3] 陈昌兵:《可变折旧率估计及资本存量测算》,《经济研究》2014 年第 12 期。

表 4-2　　　　　各省域基期资本存量（1978 年）　　　　（单位：亿元）

省域	资本存量	省域	资本存量	省域	资本存量
北京	120.46	浙江	125.09	海南	11.17
天津	78.17	安徽	201.01	重庆	200.74
河北	306.44	福建	61.63	四川	333.04
山西	166.06	江西	273.32	贵州	137.88
内蒙古	79.01	山东	416.58	云南	119.34
辽宁	167.56	河南	216.74	陕西	130.44
吉林	79.75	湖北	199.87	甘肃	352.44
黑龙江	133.70	湖南	200.43	青海	46.35
上海	132.59	广东	149.45	宁夏	80.06
江苏	165.37	广西	150.58	新疆	65.58

资料来源：王海龙：《资本深化、技术进步与产业结构升级》，硕士学位论文，浙江财经大学，2015 年文献整理计算所得。

五　全国及各省域资本存量的测算结果

按照前述方法测算出 1978—2017 年国家层面及省域层面资本存量，国家层面资本存量从基期的 14331.97 亿元增长到 2016 年的 499488.67 亿元，增长了近 35 倍，其趋势图如图 4-1 所示。可以看出 2004 年之后全国资本存量增速有了质的提升。

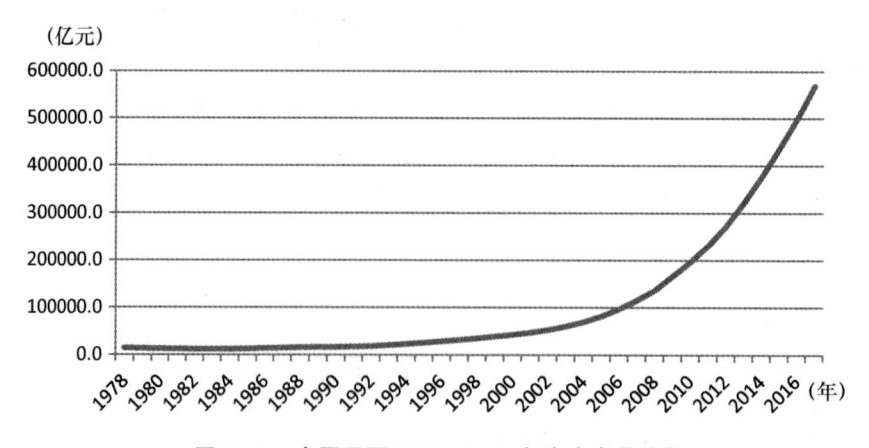

图 4-1　全国层面 1978—2017 年资本存量趋势

表4-3列示了各省域部分年份资本存量的测算结果,这为后续各省域资本深化程度的计算提供了主要的数据来源。需要说明的是,大多数年份全国层面的估算结果和各省域结果加总数并不一致,其主要原因是折旧率处理、价格指数选取的差别以及统计数据的误差等。

表4-3　　　　省域资本存量测算结果（部分年份）　　　　（单位：亿元）

	1980年	1990年	2000年	2005年	2010年	2016年
北京	108.99	891.80	5250.97	10983.07	21146.93	42835.64
天津	66.67	531.89	2620.13	5656.94	15696.32	55396.95
河北	250.97	1165.81	7372.57	15127.52	41375.28	139236.97
山西	143.44	711.61	2170.23	5811.06	16642.30	62437.63
内蒙古	98.24	344.25	1629.09	6309.40	23501.69	77253.53
辽宁	148.75	1249.63	5298.02	12793.78	42733.36	106479.14
吉林	63.99	460.21	2231.05	5636.54	21115.81	63012.47
黑龙江	116.25	840.08	3437.18	6983.74	17220.03	55230.45
上海	119.15	1155.33	9235.99	15839.46	26413.06	40982.63
江苏	138.87	1694.51	11035.74	26958.85	69758.17	223314.53
浙江	105.98	935.90	9031.43	23653.22	47399.12	132926.67
安徽	170.75	750.13	3397.17	8265.87	28433.01	111723.03
福建	53.33	527.74	4715.29	9193.62	23764.49	93035.98
江西	244.80	594.78	2101.02	6590.32	20832.99	78938.82
山东	356.80	1909.33	9540.02	27180.00	72334.89	230046.79
河南	180.34	1146.83	5628.61	13675.81	45560.82	163209.51
湖北	164.79	846.14	5494.76	10922.48	26862.36	116174.48
湖南	171.90	805.61	3856.82	9109.46	25637.12	108712.89
广东	124.04	1756.53	13207.94	27990.61	56806.22	146956.39
广西	123.93	476.97	2636.93	5718.08	17236.50	71914.30
海南	10.06	139.67	955.22	1645.77	3480.31	15370.86
重庆	204.51	416.69	3479.95	9574.82	27917.36	98923.28
四川	263.56	883.61	5343.15	12497.92	35522.69	121429.90
贵州	118.83	372.62	1399.37	3803.30	9078.28	46574.88
云南	107.56	480.77	2847.84	5960.13	16296.39	60962.84

续表

	1980 年	1990 年	2000 年	2005 年	2010 年	2016 年
陕西	118.78	588.83	2419.06	6253.69	20325.18	85020.82
甘肃	302.31	581.49	1559.53	3429.42	8311.53	38637.70
青海	39.28	181.06	526.27	1330.26	2951.80	13891.93
宁夏	68.85	158.77	545.53	1526.17	3855.52	15621.87
新疆	90.64	459.85	2688.04	5544.69	11438.17	45332.71

第二节 省域技术创新水平的测度及评价

根据上一章的分析可知，技术创新是加速技术进步、促进产业结构升级、实现区域经济可持续增长的原动力。本小节通过搜集整理的《中国统计年鉴》《中国科技统计年鉴》数据，构建省域技术创新指标体系，并利用熵权法测算我国各省域技术创新水平综合指数，据此评价各地区技术创新水平差异。

一 省域技术创新水平的度量方法

技术创新是一个无形的变量，学术界主要存在三种测度途径：一是投入法，最典型的是研发投入；二是产出法，如专利申请数量；三是利用计量分析、数据包络分析和随机前沿分析等方法进行测算。由于区域技术创新水平评价体系是一个全面、综合、复杂的系统，在借鉴前人文献成果的同时，按照技术创新的研发投入创新成果产出再到成果转化的时间顺序，从研发投入、企业技术创新、技术转移、创新成果四个方面构建区域技术创新水平的指标评价体系（见表4-4）。技术转移对技术创新全过程具有类似催化剂的重要推进作用。进一步采用熵权法赋权计算出综合指数作为区域技术创新水平的衡量指标。指标体系中的所有数据均来自《中国统计年鉴》《中国科技统计年鉴》、各省统计年鉴以及WIND数据库。

表 4-4　　　　　　　　区域技术创新水平指标评价体系

目标层	准则层	指标层	符号	单位
技术创新水平	研发投入	R&D 经费支出	T_{11}	万元
		R&D 人员全时当量	T_{12}	人年
	企业技术创新	规模以上工业企业 R&D 项目数	T_{21}	项
		规模以上工业企业新产品销售收入	T_{22}	万元
	创新成果	专利申请受理数	T_{31}	件
	技术转移	技术市场交易额	T_{41}	万元

为减少主观因素影响，采取熵权法确定各指标权重。该方法的基本思路是根据指标变异性的大小来确定权重，指标的信息熵越小，即指标的变异程度更大，说明该指标提供的信息量大，在综合评价中发挥的作用就更大，故应该赋予该指标更高的权重。熵权法的具体步骤如下。

第一，采用极值法对各个指标的数据进行标准化处理，以解决量纲导致的数据差异大问题。

设第 i 个样本第 j 个指标值为 x_{ij}（$i=1, 2, \cdots, m$；$j=1, 2, \cdots, n$），构成原始矩阵 $X = (x_{ij})_{m \times n}$，假设对各指标数据标准化后的值为 y_{ij}，对于指标值越大代表评价值越高的正向指标，令 $y_{ij} = \frac{x_{ij} - \min x_{ij}}{\max x_{ij} - \min x_{ij}} \times 0.9 + 0.1$；对于指标值越小代表评价值越高的负向指标，则令 $y_{ij} = \frac{\max X_{ij} - X_{ij}}{\max X_{ij} - \min X_{ij}} \times 0.9 + 0.1$，此处所构建的代表技术创新水平的六个指标都属于正向指标。

第二，计算第 i 个样本第 j 个指标值标准化后的比重 P_{ij}：$P_{ij} = (y_{ij} + 1) / \sum_{j=1}^{m} (y_{ij} + 1)$。

第三，计算各指标的熵值：$E_j = -(1/\ln m) \sum_{j=1}^{n} P_{ij} \ln P_{ij}$，则有 $0 \leq E_j \leq 1$。

第四，确定各指标的权重：$W_j = (1 - E_j) / (n - \sum_{j=1}^{n} E_j)$，此时，

$\sum_{j=1}^{n} W_j = 1$。其中，$1 - E_j$ 代表指标的变异程度，该值越大，指标的权重就越大。

第五，计算区域技术创新水平综合指数，用 $TECH$ 表示：$TECH = \sum_{j=1}^{n} W_j y_j$，其中，$y_j$ 表示第 j 个指标值的标准化值。

二 我国省域技术创新水平测度结果及分析

按照上述步骤计算 2006—2017 年我国各地区技术创新水平综合指数①，通过熵权法确定的各指标权重分别为：R&D 经费支出 20.37%、R&D 人员全时当量 23.23%、规模以上工业企业 R&D 项目数 17.49%、规模以上工业企业新产品销售收入 15.3%、专利申请受理数 15.09%、技术市场交易额 8.43%。为了更直观看出各省域技术创新水平提升程度，取各省域 2007 年和 2017 年该综合指数绘制对比图（见图 4-2），可以看出，在 2007 年，技术创新水平排名前六位的分别是广东、北京、江苏、浙江、山东和上海，其余省域的技术创新水平综合指数均低于 0.2，而到了 2017 年，有过半数省域这一综合指数均已超过 0.2。2017 年技术创新水平排名在前的依旧是广东、江

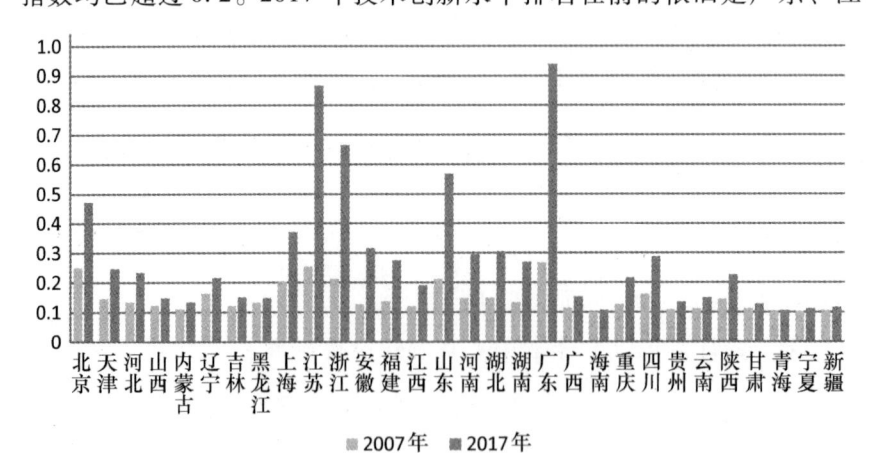

图 4-2 省域技术创新水平对比

---

① 这里不包括西藏，原因是西藏的部分指标缺失严重。另外部分指标从 2006 年才开始公布，故技术创新水平计算的起始年份选择为 2006 年。

苏、浙江、山东、北京和上海，其中广东和江苏的综合指数已超过 0.8 之高。从趋势上看，所有省域的技术创新水平在这十年间都有所提升，提升幅度前三位的分别是广东、江苏和浙江，均提升了 2 倍多。

第三节 资本深化与技术创新协同的测度与评价

一 资本深化与技术创新协同的耦合协调与联动共生规律

（一）资本深化与技术创新协同过程中的耦合协调规律

资本深化和技术创新所组成的二元系统是多层次性、复杂的开放系统，这个二元系统由无序走向有序的关键在于系统内要素间或系统间在发展变化过程中协调一致的程度，倘若系统内各要素之间能衔接配合得当，实现耦合协调，将有助于解决发展过程中面临的掣肘问题，并通过发挥协同效应使系统达到最优状态。例如，技术创新创造价值的功能满足了资本逐利的需求，而资本深化又为技术创新提供了充足的资金支持，二者实现了功能互补、调节顺畅的良性循环状态，激发要素潜能，促进系统整体功能倍增。

资本深化与技术创新的耦合协调要求各子系统发展步调一致，各方力量强弱得当，如果某个子系统的发展过于超前或者滞后，会破坏组织形态的合理有序，影响资本深化与技术创新的协同效率，导致整个复合系统的退步。例如，技术创新活动在不同阶段表现出不同的风险收益特征，这就使得异质性资本介入技术创新的时机和方式会有差异，如果资本深化与技术创新在结合时出现时机和风险错配，资本将难以获取预期的投资回报，势必影响资本投资于技术创新的持续性和稳定性，阻碍了二者的协同演进。

（二）资本深化与技术创新协同过程中的联动共生规律

"联动"原意是指某个事物运动或变化时，其他相关联的若干事物也跟着运动或变化，也即联合行动。"共生"是指两种不同生物之间彼此提供有利于对方生存的帮助，形成紧密互利的关系。把联动共生的概念引入资本深化与技术创新的协同关系研究中，可以描述二者彼此依存、相互促进、和谐互动的演化规律，比如资本深化不能脱离技术创新的实际需要，而技术创新收益又必须满足资本深化利益诉求。二者在时间空间维度上存在协调一致性，彼此的存在和发展都以另一方为依托条件，有利于协同过程达到既定的目标。

资本深化与技术创新系统间的合作是联动共生的一种常见形式。资本深化与技术创新间的合作有助于减少资源浪费和重复使用，提高资源配置效率，从而强化二者的协同关系。资本深化带来了财富驱动力，技术创新提高了劳动生产率，资本在投资于技术创新的过程中享受到了其带来的红利，通过创造增值从而进一步提升资本投资效率、拓展投资空间；而技术创新有了来自资本深化这一燃料的助力，又成为推动技术进步促进经济增长的引擎，二者相互合作、相互激励，从而释放出"1+1>2"的协同效应。

二 耦合协调视角下资本深化与技术创新协同的测度与评价

在讨论资本深化与技术创新协调关系问题时，借鉴物理学中耦合协调的思想，建立容量耦合系数模型[①]。包含多个系统的容量耦合系数模型可用式（4-2）表示：

$$C_m = m\left\{(U_1 \times U_2 \times \cdots U_m)\Big/\prod(U_i + U_j)\right\}^{1/m} \quad (4-2)$$

式中，C_m为要素耦合度，而U_i是每个要素的综合评价指标。本书采用的耦合度模型中仅包含资本深化与技术创新两个系统，因此公式简化为：

$$C_{ik} = 2\sqrt{(CAP_{ik} \times TECH_{ik})/(CAP_{ik} + TECH_{ik})^2} \quad (4-3)$$

其中，CAP_{ik}代表k省份（或k企业）在第i年的资本深化水平，利用k省份（或k企业）在第i年的资本存量（或企业固定资产总额）与年末从业人员数之比表示；$TECH_{ik}$代表k省份（或k企业）在第i年的技术创新水平综合指标（或企业技术创新投入强度）。对于

---

① 吴大进、曹力、陈立华：《协同学原理和应用》，华中理工大学出版社1990年版。

该公式而言，耦合度 C 的取值一般介于 0 和 1 之间。若 C_{ik} 趋近于 1，说明 k 省份（或 k 企业）在第 i 年资本深化与技术创新的耦合程度较高，呈现出良性的共生机制，系统趋于向新的有序结构发展；若 C_{ik} 趋近于 0，则说明 k 省份（或 k 企业）在第 i 年资本深化与技术创新系统内部要素存在失调，系统处于无序化状态。可以进一步根据耦合度 C 值的大小划分四个等级，以反映系统耦合发展的各个阶段：①当 $0 < C \leq 0.3$ 时，视为低水平耦合阶段；②当 $0.3 < C \leq 0.5$ 时，为中低度耦合阶段；③当 $0.5 < C \leq 0.8$ 时，为中高度耦合阶段；④当 $0.8 < C \leq 1$ 时，为高水平耦合阶段。

由（4-3）式计算出各省域资本深化与技术创新的耦合度如表 4-5 所示（按照第六章实证研究的时间区间列示 2008—2017 年数据）。从数值上看，各省（直辖市）的耦合度多介于 0.8 到 1 之间，也即处在高水平耦合阶段，这说明在区域层次上我国的资本深化与技术创新相互关联密切。在时序上二者的耦合度存在波动，并未表现出明显的提升趋势，到 2017 年，已有 19 个省域的耦合度超过 0.9。耦合度相对较低的有天津、内蒙古、重庆和新疆，多在 0.6—0.8 之间徘徊，可见这些地区的资本深化与技术创新属于中高度耦合阶段。

表 4-5　　　　省域资本深化与技术创新的耦合度

	2008 年	2009 年	2010 年	2011 年	2012 年	2013 年	2014 年	2015 年	2016 年	2017 年
北京	0.850	0.869	0.871	0.880	0.911	0.950	0.971	0.985	0.995	0.999
天津	0.768	0.765	0.735	0.740	0.744	0.766	0.788	0.803	0.808	0.815
河北	0.938	0.927	0.905	0.912	0.916	0.934	0.942	0.946	0.949	0.964
山西	0.939	0.935	0.904	0.908	0.898	0.904	0.899	0.882	0.865	0.892
内蒙古	0.753	0.710	0.676	0.673	0.648	0.662	0.669	0.664	0.674	0.703
辽宁	0.875	0.836	0.817	0.803	0.787	0.789	0.794	0.798	0.782	0.848
吉林	0.872	0.817	0.800	0.765	0.759	0.761	0.780	0.779	0.785	0.809
黑龙江	0.960	0.950	0.936	0.950	0.940	0.933	0.920	0.941	0.946	0.974
上海	0.751	0.762	0.795	0.798	0.847	0.885	0.927	0.986	0.995	0.999
江苏	0.972	0.981	0.988	0.990	0.996	0.999	0.999	0.999	0.999	0.996

续表

	2008年	2009年	2010年	2011年	2012年	2013年	2014年	2015年	2016年	2017年
浙江	0.930	0.959	0.972	0.973	0.995	0.999	0.999	0.998	0.995	0.982
安徽	0.999	0.997	0.990	0.997	0.999	0.999	0.997	0.998	0.998	0.989
福建	0.927	0.914	0.921	0.925	0.952	0.967	0.962	0.964	0.967	0.980
江西	0.981	0.966	0.937	0.945	0.940	0.939	0.944	0.938	0.934	0.960
山东	0.979	0.986	0.988	0.994	0.999	0.999	0.998	0.998	0.998	0.992
河南	0.999	0.997	0.993	0.996	0.999	0.999	0.996	0.993	0.992	0.982
湖北	0.996	0.997	0.996	0.998	0.999	0.999	0.997	0.996	0.992	0.993
湖南	0.999	0.999	0.999	0.999	0.999	0.998	0.999	0.999	0.999	0.999
广东	0.994	0.999	0.999	0.990	0.967	0.921	0.877	0.852	0.829	0.758
广西	0.999	0.998	0.996	0.999	0.999	0.993	0.989	0.987	0.981	0.986
海南	0.922	0.923	0.903	0.923	0.906	0.912	0.901	0.906	0.905	0.909
重庆	0.805	0.789	0.763	0.747	0.746	0.758	0.762	0.767	0.763	0.766
四川	0.999	0.999	0.996	0.996	0.997	0.999	0.999	0.999	0.999	0.993
贵州	0.999	0.999	0.999	0.998	0.998	0.997	0.999	0.999	0.994	0.990
云南	0.995	0.993	0.990	0.997	0.999	0.995	0.994	0.993	0.989	0.986
陕西	0.980	0.964	0.947	0.943	0.922	0.837	0.833	0.828	0.831	0.893
甘肃	0.997	0.997	0.999	0.999	0.999	0.998	0.990	0.979	0.972	0.990
青海	0.887	0.880	0.867	0.864	0.824	0.800	0.766	0.733	0.712	0.713
宁夏	0.851	0.821	0.820	0.800	0.787	0.776	0.751	0.735	0.718	0.731
新疆	0.790	0.789	0.779	0.788	0.783	0.785	0.792	0.777	0.777	0.814

用同样的方法可以测算出1548家样本企业2011—2017年（具体样本选取及时间说明详见第五章）的资本深化与技术创新的耦合度（结果略），除了个别几家企业处于中高度耦合阶段，绝大多数企业都表现出为高水平耦合。

耦合度主要反映资本深化与技术创新系统相互作用、相互影响的强度，揭示系统内的发展秩序。但是，耦合度在某些情况下难以反映资本深化与技术创新系统的整体功能或发展水平，原因是该模型未能将资本深化与技术创新的独立发展程度纳入，而只是衡量了二者的绝对距离。当某地区（或企业）资本深化与技术创新发展程度均接近于 0 时，会因为两要素绝对距离较少而得出耦合度较高的结论；而当某地区（或企业）资本深化与技术创新发展程度均较高时，又有可能因为绝对距离扩大导致耦合度较低，而二者发展的协调性实际上并不低，由此在判断上产生偏误。为了能更好地刻画区域（企业）资本深化与技术创新耦合的协调程度，构建二者的耦合协调度模型如下：

$$D = \sqrt{C \times T} \quad (4-4)$$

式中，D 为耦合协调度；C 为耦合度；T 为资本深化与技术创新发展程度的综合评价指数，T 的计算式如下：

$$T = a \times CAP_{ik} + b \times TECH_{ik} \quad (4-5)$$

式中，a、b 为资本深化和技术创新要素对总系统整体协同贡献的权重，考虑到二者对产业结构升级的作用同等重要，故 a 和 b 均取值 0.5。

与耦合度 C 值一样，耦合协调度 D 值也介于 0 到 1 之间，D 越大代表区域（或企业）内资本深化与技术创新的耦合协调度越高，进一步根据耦合协调度大小采用均匀分布函数的方法划分为以下类别：①当 $0 < D \leq 0.2$ 时，为严重失调类（Ⅰ）；②当 $0.2 < D \leq 0.4$ 时，为轻度失调类（Ⅱ）；③当 $0.4 < D \leq 0.6$ 时，为过渡类，过渡类中 $0.4 < D \leq 0.5$ 的视为濒临失调类（Ⅲ），$0.5 < D \leq 0.6$ 的视为勉强协调类（Ⅳ）；④当 $0.6 < D \leq 0.8$ 时，为中度协调类（Ⅴ）；⑤当 $0.8 < D \leq 1$ 时，为优质协调类（Ⅵ）。在每一大类下又进一步根据资本深化与技术创新各自发展程度的对比关系分为 18 个基本类型，具体见表 4-6。

根据耦合协调度以及资本深化与技术创新之间的关系，识别出 2008—2017 年我国省域资本深化与技术创新系统耦合协调发展类型，如表 4-7 所示。从所属基本类型来看，大部分省域在样本期间内的耦合协调类型都保持了相对稳定并且都处于过渡类协调发展阶段。有 12 个省域属于濒临失调发展类（Ⅲ），4 个省域属于勉强协调发展类（Ⅳ），8 个省域属于中度协调发展类（Ⅴ）。贵州、云南、甘肃三省处于失调状态，但都是轻度失调发展类（Ⅱ）。广西在早些年份一直处于轻度失调发展状态，从 2014 年起过渡到濒临失调发展类。只有江苏省从 2014 年开始发展为优质协调类（Ⅵ）。从资本深化程度和技术创新水平的对比来看，主要是技术创新滞后型（A），也有部分省份出现了资本技术同步型（C），但资本深化滞后型（B）只在江苏、浙江、山东和广东的后期出现。导致耦合协调度呈现时空差异特征的主要原因在于资本与技术资源的分布不均。

表 4-6　资本深化与技术创新协调发展类型分类体系及判别标准

大类	协调度	基本类型		符号
		CAP 与 TECH 的关系	协调发展类型	
协调发展类	0.8 < D ≤ 1	CAP − TECH > 0.1	优质协调发展类技术创新滞后型	ⅥA
		TECH − CAP > 0.1	优质协调发展类资本深化滞后型	ⅥB
		0 ≤ |CAP − TECH| ≤ 0.1	优质协调发展类资本技术同步型	ⅥC
	0.6 < D ≤ 0.8	CAP − TECH > 0.1	中度协调发展类技术创新滞后型	ⅤA
		TECH − CAP > 0.1	中度协调发展类资本深化滞后型	ⅤB
		0 ≤ |CAP − TECH| ≤ 0.1	中度协调发展类资本技术同步型	ⅤC
过渡类	0.5 < D ≤ 0.6	CAP − TECH > 0.1	勉强协调发展类技术创新滞后型	ⅣA
		TECH − CAP > 0.1	勉强协调发展类资本深化滞后型	ⅣB
		0 ≤ |CAP − TECH| ≤ 0.1	勉强协调发展类资本技术同步型	ⅣC
	0.4 < D ≤ 0.5	CAP − TECH > 0.1	濒临失调发展类技术创新滞后型	ⅢA
		TECH − CAP > 0.1	濒临失调发展类资本深化滞后型	ⅢB
		0 ≤ |CAP − TECH| ≤ 0.1	濒临失调发展类资本技术同步型	ⅢC
失调类	0.2 < D ≤ 0.4	CAP − TECH > 0.1	轻度失调发展类技术创新滞后型	ⅡA
		TECH − CAP > 0.1	轻度失调发展类资本深化滞后型	ⅡB
		0 ≤ |CAP − TECH| ≤ 0.1	轻度失调发展类资本技术同步型	ⅡC
	0 < D ≤ 0.2	CAP − TECH > 0.1	严重失调发展类技术创新滞后型	ⅠA
		TECH − CAP > 0.1	严重失调发展类资本深化滞后型	ⅠB
		0 ≤ |CAP − TECH| ≤ 0.1	严重失调发展类资本技术同步型	ⅠC

从测算结果来看，资本深化和技术创新的耦合协调程度与经济发展水平基本一致，且长期以来资本深化与技术创新系统耦合协调的良性机制在大多数省份尚未形成，区域发展过程中普遍存在技术落后于资本的现象，在传统的投资规模驱动下，资本的深化未能及时转化成

技术的深化，未能很好地提升区域技术创新水平，二者在推动区域产业结构升级的过程中尚未发挥较好的协同效应。但多数省域在后续年份已朝着协同的趋势发展，说明资本深化与技术创新协同性问题已逐步得到重视，随着基础设施和政策体系的完善、体制机制的健全，营造了良好的创新氛围，各区域技术创新水平增强，资本主体服务技术创新的积极性也相应得到提升。

表4-7　各省域资本深化与技术创新系统耦合协调发展类型

	2008年	2009年	2010年	2011年	2012年	2013年	2014年	2015年	2016年	2017年
北京	ⅤA	ⅤA	ⅤA	ⅤA	ⅤA	ⅤA	ⅤA	ⅤA	ⅤC	ⅤC
天津	ⅣA	ⅣA	ⅤA	ⅤA	ⅤA	ⅤA	ⅤA	ⅤA	ⅤA	ⅤA
河北	ⅢA	ⅢA	ⅢA	ⅢA	ⅣA	ⅣA	ⅣA	ⅣA	ⅣA	ⅣA
山西	ⅢA	ⅢA	ⅢA	ⅢA	ⅢA	ⅢA	ⅢA	ⅢA	ⅢA	ⅢA
内蒙古	ⅢA	ⅣA	ⅣA	ⅣA	ⅣA	ⅣA	ⅣA	ⅣA	ⅣA	ⅣA
辽宁	ⅣA	ⅣA	ⅣA	ⅣA	ⅣA	ⅣA	ⅣA	ⅣA	ⅣA	ⅤA
吉林	ⅢA	ⅢA	ⅣA	ⅣA	ⅣA	ⅣA	ⅣA	ⅣA	ⅣA	ⅣA
黑龙江	ⅢC	ⅢA	ⅢA	ⅢA	ⅢA	ⅢA	ⅢA	ⅢA	ⅢA	ⅢA
上海	ⅤA	ⅤA	ⅤA	ⅤA	ⅤA	ⅤA	ⅤA	ⅤA	ⅣC	ⅣC
江苏	ⅣA	ⅤA	ⅤA	ⅤA	ⅤC	ⅤC	ⅥC	ⅥC	ⅥC	ⅦB
浙江	ⅣA	ⅣA	ⅣA	ⅣA	ⅤC	ⅤC	ⅤC	ⅤC	ⅤB	ⅤB
安徽	ⅡC	ⅡC	ⅢC	ⅢC	ⅢC	ⅢC	ⅢC	ⅢC	ⅢC	ⅢC
福建	ⅢA	ⅢA	ⅢA	ⅢA	ⅣA	ⅣA	ⅣA	ⅣA	ⅣA	ⅣA
江西	ⅡC	ⅡC	ⅢC	ⅢA	ⅢA	ⅢA	ⅢA	ⅢA	ⅢA	ⅢA
山东	ⅣC	ⅣC	ⅣC	ⅣC	ⅤC	ⅤC	ⅤC	ⅤC	ⅤC	ⅤB
河南	ⅡC	ⅡC	ⅡC	ⅡC	ⅡC	ⅡC	ⅡC	ⅡC	ⅡC	ⅡC
湖北	ⅢC	ⅢC	ⅢC	ⅢC	ⅢC	ⅣC	ⅣC	ⅣC	ⅣC	ⅣC
湖南	ⅡC	ⅢC	ⅢC	ⅢC	ⅢC	ⅢC	ⅣC	ⅣC	ⅣC	ⅣC
广东	ⅣC	ⅣC	ⅣC	ⅤB	ⅤB	ⅤB	ⅤB	ⅤB	ⅤB	ⅤB
广西	ⅡC	ⅡC	ⅡC	ⅡC	ⅡC	ⅡC	ⅢC	ⅢC	ⅢC	ⅢC
海南	ⅡA	ⅡA	ⅢA	ⅡA	ⅢA	ⅢA	ⅢA	ⅢA	ⅢA	ⅢA
重庆	ⅢA	ⅣA	ⅣA	ⅣA	ⅣA	ⅣA	ⅣA	ⅤA	ⅤA	ⅤA
四川	ⅡC	ⅢC	ⅢC	ⅢC	ⅢC	ⅢC	ⅢC	ⅢC	ⅢC	ⅢC

续表

	2008年	2009年	2010年	2011年	2012年	2013年	2014年	2015年	2016年	2017年
贵州	ⅡC	ⅡC	ⅡC	ⅡC	ⅡC	ⅡC	ⅡC	ⅡC	ⅡC	ⅡC
云南	ⅡC	ⅡC	ⅡC	ⅡC	ⅡC	ⅡC	ⅡC	ⅡC	ⅡC	ⅡC
陕西	ⅢC	ⅢC	ⅢA	ⅢA	ⅣA	ⅣA	ⅤA	ⅤA	ⅤA	ⅣA
甘肃	ⅡC	ⅡC	ⅡC	ⅡC	ⅡC	ⅡC	ⅡC	ⅡC	ⅡC	ⅡC
青海	ⅢA	ⅢA	ⅢA	ⅢA	ⅢA	ⅢA	ⅢA	ⅢA	ⅢA	ⅢA
宁夏	ⅢA	ⅢA	ⅢA	ⅢA	ⅢA	ⅢA	ⅢA	ⅢA	ⅣA	ⅣA
新疆	ⅢA	ⅢA	ⅢA	ⅢA	ⅢA	ⅢA	ⅢA	ⅢA	ⅢA	ⅢA

上述分析对各省域相应政策的制定具有重要的启示。资本深化子系统与技术创新子系统发展不均衡影响了二者的协同水平，对于资本系统滞后的省域，一方面可以增加财政资金的投入，另一方面应广泛吸收并积极引导社会资本投资创新领域，鼓励金融创新；对于技术创新系统滞后的省域，不能盲目地追求扩大创新资本投入规模，而应着力营造开放的、充满活力的、包容的技术创新环境，通过完善相关财税政策、产业政策，推动要素的自由流动，从而激发企业创新的积极性主动性。同时，要重视高技术人才的培养，打造产学研多层次合作平台，形成跨区域的协同创新网络，充分发挥资本深化与技术创新二元系统间的耦合协同作用，提高创新资源的利用效率，为实现资本深化与技术创新的协同演进提供全方位的保障。

同样地，通过测算样本企业资本深化与技术创新的耦合协调度以及对比资本深化与技术创新各自的发展程度，对不同年度各类型样本企业数进行统计，绘制表4－8。由统计结果可知：企业资本深化与技术创新耦合协调度呈逐年递增态势，在0.5—0.6这个区间内的企业数在2011年只有3家，到2017年增加到102家；0.2—0.4区间内的轻度失调发展类企业由2011年的占比92%下降到2017年的28%。从资本深化与技术创新各自发展程度来看，技术创新滞后型企业数要多于资本深化滞后型企业数，但多数企业还是处于二者同步发展阶段。

第四章 资本深化与技术创新协同及其测度分析

表4-8　样本企业资本深化与技术创新协调发展类型统计

协调度及协调发展类型	2011年	2012年	2013年	2014年	2015年	2016年	2017年
$0.2 < D \leq 0.4$	1431	1315	952	1056	802	662	444
$0.4 < D \leq 0.5$	114	224	560	453	688	800	983
$0.5 < D \leq 0.6$	3	9	36	38	54	76	102
$0.6 < D \leq 0.8$	0	0	0	1	4	10	19
CAP - TECH > 0.1	94	54	110	425	364	222	167
TECH - CAP > 0.1	46	121	197	20	68	179	225
$0 \leq |$ CAP - TECH $| \leq 0.1$	1408	1373	1241	1103	1116	1147	1156

在第五章和第六章的实证检验中，笔者将利用企业层面和省域层面资本深化与技术创新的耦合协调度作为二者协同性的代理变量之一。

三　联动共生视角下资本深化与技术创新协同的测度与评价

笔者选用资本深化与技术创新的交互项来衡量资本深化与技术创新协同过程中的联动共生性，体现了二者交错影响下所发挥出的合力大小。分别测算省域层面和企业层面资本深化与技术创新变量的交互项，并作为后续两章实证研究中衡量二者协同性的另一代理变量。图4-3是省域层面二者交互项指标各年的均值，由于企业样本量大，图表不易列示其结果，此处从略。从图4-3可知，除了江苏省遥遥领

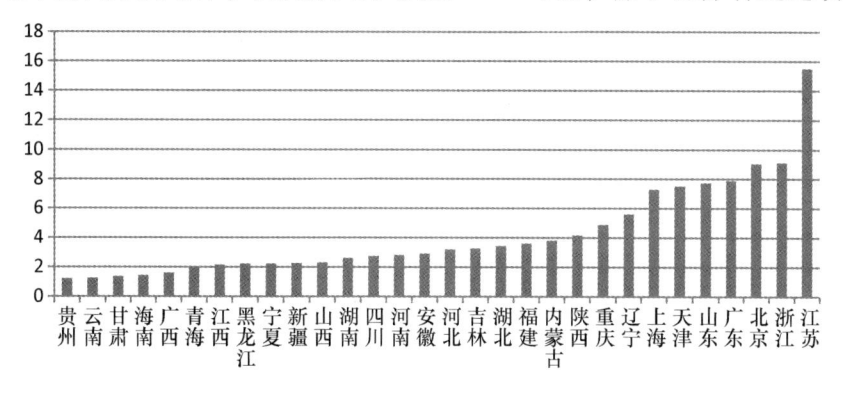

图4-3　省域资本深化与技术创新交互项年均值

先外，排名靠前的分别是浙江、北京、广东、山东、天津和上海，这些多为经济发达区域，而排名靠后的有贵州、云南、甘肃、海南、广西和青海，大多为欠发达地区。但所有省域在2008—2017年的这一交互项指标都呈逐年递增趋势。

第四节 本章小结

本章首先利用永续盘存法对我国省域1978—2017年的资本存量进行估算及分析，接着从研发投入、企业技术创新、技术转移、创新成果四个方面构建区域技术创新水平的指标评价体系，并采用熵权法计算各省域2006—2017年技术创新水平综合指数。在此基础上刻画资本深化与技术创新协同的耦合协调以及联动共生规律，并从省域层面和企业层面分别测算二者的耦合协调度和交互项，从而实现对二者协同性的度量，并以此作为后续实证研究中二者协同性的代理变量。

从耦合度来看，大部分省域处在高水平耦合阶段，但从耦合协调度来看，绝大多数省域属于过渡类协调发展阶段中的濒临失调发展类，资本深化与技术创新的耦合协调度总体普遍偏低，各省域在时空维度上存在较大差异，呈现出与经济发达程度相似的"东高西低"分布格局，且长期以来区域发展过程中普遍存在技术创新落后于资本深化的现象，表明资本深化和技术创新两个子系统在多数省域存在相互掣肘的现象，但在近些年有朝着协同发展的趋势。对于企业而言，多数企业属于轻度失调发展类，且技术创新滞后型企业数要多于资本深化滞后型企业数。从交互项来看，各省域呈逐年递增态势，且交互项值大的多为经济发达省域。

第五章

资本深化与技术创新协同推进产业结构升级

——微观层面的实证检验

根据第三章的影响机理分析可知,企业技术进步是推动产业结构升级的关键力量。因此,本章基于上市企业的微观数据,开展第二部分的实证研究,通过门槛面板回归模型,考察资本深化与技术创新协同对企业技术进步影响的门槛效应,确定最优的资本深化区间,并从行业、所有制和区域差异的视角进行深入探究;通过构建中介效应模型,检验企业技术进步在资本深化与技术创新协同推进产业结构升级过程中发挥的中介效应。本章试图从微观层面为资本深化与技术创新协同推进产业结构升级找到新的探索思路。

第一节 资本深化的门槛效应检验

一 样本选取及数据来源

本章选取沪深 A 股上市公司在 2011—2017 年的数据作为研究样本,考虑到数据的可得性及其质量,对初始样本进行了如下必要的筛选:第一,剔除了 ST、ST*、PT 公司,已经退市的公司及借壳上市的公司;第二,剔除了 2013 年 12 月 31 日之后上市的公司,原因是为保证样本公司至少有两年以上的上市经验,经营相对稳定;第三,由于 2011 年以前上市公司技术人员数量披露得很少,而 2018 年的数据尚未更新,故研究区间选择 2011 年到 2017 年；第四，考虑到部分行业无须开展创新活动也能持续经营下去，按照证监会行业分类标准（2001 版），参考袁建国[①]的做法，剔除了农林牧渔业、电力煤气及水的生产和供应、交通运输仓储业、批发和零售贸易、金融保险业、房地产业、社会服务业、传播与文化产业、综合类行业所涉及的公司；第五，剔除了资产负债率大于 1 的公司；第六，剔除了数据严重缺失的公司。最终，符合条件的公司共有 1548 家，形成 10836 个观测值。数据主要来自 WIND 数据库和 CSMAR 数据库，并结合公司年报对数据做了补充和整理。

二　变量说明及描述性统计

（1）被解释变量：企业技术进步。企业要创新发展，就必须寻找增长的新动力，这个增长动力主要来自全要素生产率，它是衡量技术进步的重要指标。经济学家保罗·克鲁格曼认为全要素生产率增长等同于技术进步水平，因此选用全要素生产率（TFP）作为企业技术进步的代理变量。参考鲁晓东和连玉君[②]的固定效应估计法，依据 C-D 生产函数，通过选用三个投入指标（企业员工总数、总资产、购入商品和劳务支付的现金）和产品销售收入这一产出指标（企业年报数据不披露工业增加值）在 stata 中运算获取。

（2）门槛变量：企业层面资本深化程度。该变量代表企业人均资本的动态变化，同时也反映了企业技术选择的资本密集程度。对企业资本深化的衡量一般有两种方法，一种是资本产出比，另一种是资本劳动比。参照大部分学者的做法，本书选择后者，用企业固定资产除以员工人数作为企业资本深化程度的代理变量，在实证中作为门槛变量，在不同门槛值构成的区间内考察资本深化与技术创新协同对企业技术进步的影响是否有差异。

（3）核心解释变量：企业资本深化与技术创新协同性指标。利用

---

① 袁建国、后青松、程晨：《企业政治资源的诅咒效应——基于政治关联与企业技术创新的考察》，《管理世界》2015 年第 1 期。
② 鲁晓东、连玉君：《中国工业企业全要素生产率估计：1999—2007》，《经济学：季刊》2012 年第 11 期。

第四章中对资本深化与技术创新协同的微观测度结果,从协调和联动两方面,分别用企业资本深化与技术创新的协调度(COO)以及二者的交互项(INT)来衡量二者在微观层面的协同性。这里微观层面的技术创新(RD)用企业研发支出总额占营业收入的比例表示,相对于创新投入绝对数指标而言,技术创新投入强度指标在不同企业之间更具可比性,更能反映企业规模与市场地位等因素相匹配的创新投入情况。

(4)其他控制变量。主要包括:①技术人员占比($TECH$),用企业技术人员总数除以员工总数表示,可以从人力资本角度体现企业的创新投入;②企业规模($SIZE$),采用资产总额的对数来衡量;③杠杆率(LEV),用总负债与总资产的比值表示;④企业年龄(AGE),取观测年与公司成立年的差值;⑤金融支持(FIN),参考董明放等[①]的做法,选取流通股占股本总额的比值来表示。

(5)描述性统计。

所有变量的含义及描述性统计结果如表5-1所示。

表5-1　　　　　　　　变量含义及描述性统计结果

变量符号	变量名称	变量含义	观测值	均值	标准误	最小值	最大值
TFP	全要素生产率	依据C-D生产函数计算得出	10836	1.1177	0.6857	0.0233	15.4255
ECD	企业资本深化	固定资产与员工总数之比	10836	0.1710	0.0874	0.1000	1.0000
RD	企业技术创新	研发支出与销售收入之比	10836	0.1520	0.0678	0.1000	1.0000
COO	企业资本深化与技术创新的协调度	根据第四章测算结果	10836	0.3904	0.0440	0.3167	0.8382
INT	企业资本深化与技术创新的交互项	企业资本深化与技术创新的乘积	10836	0.0252	0.0161	0.0101	0.4936

---

① 董明放、韩先锋:《研发投入强度与战略性新兴产业绩效》,《统计研究》2016年第1期。

续表

变量符号	变量名称	变量含义	观测值	均值	标准误	最小值	最大值
SIZE	企业规模	总资产自然对数	10836	21.8835	1.2324	17.2966	28.0079
LEV	杠杆率	总负债与总资产之比	10836	39.8348	20.8770	0.7080	236.2002
TECH	技术人员占比	技术人员总数与员工总数之比	10836	20.9639	17.6075	0.0000	96.6000
AGE	企业年龄	观测年与公司成立年的差值	10836	15.9089	4.8902	1.0000	38.0000
FIN	金融支持	流通股与股本总额之比	10836	74.2714	26.4106	8.2294	100.0000

三　门槛效应模型设定

为实证检验资本深化与技术创新协同对企业技术进步的非线性影响，找到资本深化程度的最优区间，采用 Hansen[①] 发展的门槛面板回归模型（Threshold Panel Data Model），该模型允许变量间内生性的存在，且提供了一个渐进分布理论来构建门槛估计值的置信区间，并利用 bootstrap 法估计门槛值的显著性。模型根据得到的门槛估计值内生地将样本分为多个区间，从而估计各个区间内各解释变量与被解释变量的关系。

根据理论分析，本小节将企业技术进步（TFP）作为被解释变量，核心解释变量则分别采用资本深化与技术创新的协调性变量（COO）和联动性变量（INT），逐一进行门槛回归检验。这里分别设定如下单门槛模型和双门槛模型，如式（5-1）、式（5-2）所示，多重门槛以此类推。

$$TFP_{it} = \alpha_1 SIZE_{it} + \alpha_2 LEV_{it} + \alpha_3 AGE_{it} + \alpha_4 FIN_{it} + \alpha_5 TECH_{it} + \beta_1 COO_{it}I(ECD_{it} \leq \gamma) + \beta_2 COO_{it}I(ECD_{it} > \gamma) + \mu_i + \varepsilon_{it}$$

(5-1)

$$TFP_{it} = \alpha_1 SIZE_{it} + \alpha_2 LEV_{it} + \alpha_3 AGE_{it} + \alpha_4 FIN_{it} + \alpha_5 TECH_{it} + \beta_1 COO_{it}I(ECD_{it} \leq \gamma_1) + \beta_2 COO_{it}I(\gamma_1 < ECD_{it} \leq \gamma_2)$$

---

① Hansen B. E., "Sample Splitting and Threshold Estimation", *Econometrica*, 2000.

$$+ \beta_3 COO_{it} I(ECD_{it} > \gamma_2) + \mu_i + \varepsilon_{it} \qquad (5-2)$$

其中，$I(\cdot)$ 为指示函数，γ 为单一门槛值，γ_1、γ_2 为双重门槛值，μ_i 反映个体效应，ε_{it} 为随机干扰项。

现以单一门槛为例，对门槛回归方法的原理加以说明，双重门槛及多重门槛的参数估计与假设检验的过程与单一门槛类似，不再赘述。

为了推演方便，将（5-1）式写成如下简化形式：

$$\begin{aligned} Y_{it} &= \alpha' X_{it} + \beta' COO_{it}(\gamma) + \mu_i + \varepsilon_{it} \\ &= [\alpha', \beta'] \begin{bmatrix} X_{it} \\ COO_{it}(\gamma) \end{bmatrix} + \mu_i + \varepsilon_{it} \\ &= \lambda COO_{it}(\gamma) + \mu_i + \varepsilon_{it} \end{aligned} \qquad (5-3)$$

其中，$COO_{it}(\gamma) = [COO_{it} I(CAPITAL_{it} \leq \gamma) \; COO_{it} I(CAPITAL_{it} > \gamma)]$；
$COO_{it} = [X_{it}', COO'_{it}(\gamma)]'$

为了去除个体效应 μ_i 的影响，将每个观测值减去组内平均值，对（5-3）式关于时间 T 求均值，得到：

$$\bar{Y}_i = \theta + \bar{COO}_i(\gamma) + \mu_i + \bar{\varepsilon}_i \qquad (5-4)$$

其中，$\bar{Y}_i = \frac{1}{T}\sum_{t=1}^{T} Y_{it}$；$\bar{\varepsilon}_i = \frac{1}{T}\sum_{t=1}^{T} \varepsilon_{it}$；

$$\bar{COO}_i = \frac{1}{T}\sum_{t=1}^{T} COO_{it}(\gamma) = \begin{cases} \dfrac{1}{T}\sum_{t=1}^{T} COO_{it} I(CAPITAL_{it} \leq \gamma) \\ \dfrac{1}{T}\sum_{t=1}^{T} COO_{it} I(CAPITAL_{it} > \gamma) \end{cases}$$

用式（5-3）减去式（5-4），得到：

$$Y_{it}^* = \lambda COO_{it}^*(\gamma) + \varepsilon_{it}^* \qquad (5-5)$$

将（5-5）式写成矩阵的形式对经过不断迭代后的观测值进行表示，可得到：

$$Y^* = \lambda COO^*(\gamma) + e^* \qquad (5-6)$$

采用最小二乘法（OLS）对系数 λ 和残差 e 进行估计，分别有：

$$\hat{\lambda} = [COO_{it}^*(\gamma)' COO_{it}^*(\gamma)]^{-1} COO_{it}^*(\gamma)' Y^* \qquad (5-7)$$

$$\hat{e^*}(\gamma) = Y^* - COO_{it}^*(\gamma)\hat{\lambda}(\gamma) \qquad (5-8)$$

则回归方程的残差平方和为：

$$SSE_1(\gamma) = \hat{e}^*(\gamma)'\hat{e}^*(\gamma) \quad (5-9)$$

门槛估计量为：

$$\hat{\gamma} = \arg\min_{\gamma} SSE_1(\gamma) \quad (5-10)$$

残差的方差：

$$\hat{\sigma}^2(\hat{\gamma}) = \frac{1}{n(T-1)} \hat{e}^*(\hat{\gamma})'\hat{e}^*(\hat{\gamma}) = \frac{1}{n(T-1)} SSE_1(\hat{\gamma}) \quad (5-11)$$

接下来，对门槛值的存在性进行假设检验。原假设 H_0 为：$\beta_1 = \beta_2$，即不存在门槛效应，备择假设 H_1 为：$\beta_1 \neq \beta_2$，表示存在门槛效应，似然比统计量为：

$$F_\gamma = \frac{[SSE_0 - SSE_1(\hat{\gamma})]/1}{SSE_1(\hat{\gamma})/n(T-1)} = \frac{SSE_0 - SSE_1(\hat{\gamma})}{\hat{\sigma}^2} \quad (5-12)$$

在原假设下，需要通过 bootstrap 自抽样获得 F 统计量渐进分布，并计算概率值。若接受原假设，则说明不存在门槛值；若拒绝原假设，接受备择假设，则说明存在单一门槛值。

当确定了存在门槛值时还要进一步检验门槛估计值是否等于其真实值，这里的原假设 H_0 为：$\hat{\gamma} = \gamma_0$，备择假设 H_1 为：$\hat{\gamma} \neq \gamma_0$，构建似然比统计量如下：

$$LR_1(\gamma) = \frac{SSE_1(\gamma) - SSE_1(\hat{\gamma})}{\hat{\sigma}^2} \quad (5-13)$$

在一定条件下，其渐进分布满足 $C(\varphi) = -2\log(1-\sqrt{1-\varphi})$，其中，$\varphi$ 代表显著性水平。当 $LR_1 > C(\varphi)$ 时，则拒绝原假设，当 $LR_1 \leq C(\varphi)$ 时，则接受原假设，并由此可以确定门槛估计值的置信区间。

类似的，引入资本深化与技术创新交互项指标后，构建模型如下：

$$\begin{aligned} TFP_{it} &= \alpha_1 SIZE_{it} + \alpha_2 LEV_{it} + \alpha_3 AGE_{it} + \alpha_4 FIN_{it} + \alpha_5 TECH_{it} \\ &+ \beta_1 INT_{it} I(ECD_{it} \leq \gamma) + \beta_2 INT_{it} I(ECD_{it} > \gamma) + \mu_i + \varepsilon_{it} \end{aligned}$$

$$(5-14)$$

$$TFP_{it} = \alpha_1 SIZE_{it} + \alpha_2 LEV_{it} + \alpha_3 AGE_{it} + \alpha_4 FIN_{it}$$

$$+ \alpha_5 TECH_{it} + \beta_1 INT_{it}I(ECD_{it} \leq \gamma_1)$$
$$+ \beta_2 INT_{it}I(\gamma_1 < ECD_{it} \leq \gamma_2)$$
$$+ \beta_3 INT_{it}I(ECD_{it} > \gamma_2) + \mu_i + \varepsilon_{it} \quad (5-15)$$

四 门槛效应模型结果分析

（一）全样本检验

在使用门槛模型前，首先需要对是否存在门槛效应及门槛的个数进行检验。通过 bootstrap 重复自抽样 300 次，分别对不存在门槛值、存在一个门槛值和存在两个门槛值的原假设进行检验。如表 5-2 所示，无论核心解释变量为资本深化与技术创新的协调度还是交互项，全样本下的单一门槛与双重门槛效果均显著，三重门槛效应则均不显著。因此，后续回归将采用双门槛模型。

进一步利用残差平方和最小原理，搜索门槛变量的取值，得到门槛估计值及 95% 水平置信区间，且各门槛值的 95% 置信区间都是 LR < 7.35 构成的区间，表明估计的门槛值具有真实性。

表 5-2　　　　　　　　　全样本门槛估计值及置信区间

	以 COO 为核心解释变量			以 INT 为核心解释变量		
	F 值	ECD 门槛值	95% 置信区间	F 值	ECD 门槛值	95% 置信区间
单一门槛	14.79**	0.354	[0.201, 0.382]	14.78**	0.354	[0.339, 0.363]
双重门槛	10.95*	0.539	[0.513, 0.542]	10.21*	0.539	[0.495, 0.550]
三重门槛	5.77			6.42		

注：***、**、* 分别代表 1%、5%、10% 的显著性水平。

（二）实证结果分析

门槛面板模型的系数估计结果如表 5-3 所示，为消除异方差的影响，对样本做了稳健标准差检验。

表 5-3　　全样本门槛面板模型的系数估计结果

TFP	系数	T值	系数	T值
SIZE	-0.106***	-7.32	-0.108***	-7.53
LEV	0.002***	3.51	0.003***	3.53
TECH	-0.001	-0.17	-0.001	-0.12
AGE	0.01***	2.24	0.012***	3.34
FIN	0.001	0.14	0.001	0.10
COO_0	-0.059*	-1.58		
COO_1	0.312**	1.99		
COO_2	0.239*	1.59		
INT_0			-2.706***	-3.80
INT_1			2.371**	2.25
INT_2			-0.61	-1.13
常数项	3.194***	10.40	3.192***	10.39

注：（1）T值代表修正异方差后的T统计量。（2）当存在双重门槛时，COO_0、COO_1、COO_2分别代表当资本深化程度小于等于第一门槛值、介于第一和第二门槛值之间、大于第二门槛值时，资本深化与技术创新协调性对企业技术进步的影响系数。类似的，INT_0、INT_1、INT_2则分别表示三个门槛区间内资本深化与技术创新交互项对企业技术进步的影响系数。

结合表5-2的门槛估计值，可以看出：①在以资本深化程度门槛值为界限的三个区间内，资本深化与技术创新的协调度对企业技术进步的系数表现出先升后降的变化规律。当资本深化门槛值低于0.354时，其系数为-0.059，且在10%水平下显著；而当资本深化程度在0.354—0.539时，其系数变为0.312，且在5%水平下显著；当资本持续深化，超过0.5391时，协调度系数略有下降。②当核心解释变量为资本深化与技术创新交互项时，对应的资本深化门槛值几乎没有变化，在三个门槛区间交互项的系数分别为-2.706、2.371和-0.61，且前两个系数通过了1%的显著性检验，只有当资本深化程度在0.354—0.539区间内，二者交互项对企业技术进步才表现出积极的促进作用，其余两个区间反而起到了抑制作用。

以上皆说明适度的资本深化通过影响投资水平、提高劳动生产率等途径促进了企业的创新能力，使得资本深化与技术创新发挥协同效应；而过度的资本深化产生边际递减效应，资本的产出效率下降，技术创新投入要素的增长未能带来企业技术进步的持续提升，也即资本投资不足和投资过度都不利于企业技术进步，最优的资本深化区间为0.354—0.539。

（三）基于行业差异的检验

资本深化与技术创新协同对企业技术进步的影响，在不同行业之间可能差异较大。Liang 等[①]指出内部研发、技术转让、技术溢出、用户创新反向传播等企业技术创新渠道对生产率的影响在不同行业的影响强度不同；Hall 等[②]的研究发现，高科技行业中企业专利拥有量对公司价值的作用显著高于传统行业。由于高技术行业企业之间的竞争主要表现为核心技术的竞争，创新投入在这个过程中至关重要，而传统企业的研发活动固然重要，但未必是企业最为重要的生产要素，技术进步对创新投入的反应不如高技术行业敏感。另外，高技术行业的核心研发活动处于价值链的高端，原始创新明显更多，阶段性特征表现突出，不同阶段的投资收益和风险都会相差很大；且由于高技术行业具有产品与工艺更新速度快、人才投资大等特点，技术创新中断所造成的损失也会更大，调整成本更高。

把样本公司中的 6 个行业（石油化工塑胶塑料、电子、金属非金属、机械设备仪表、医药生物制品、信息技术业）归为高技术行业，其他作为传统行业，分组检验资本深化与技术创新协同对不同行业企业技术进步的影响是否存在差异。为了使得实证结果简洁清晰，在做行业、所有制及区域的对比分析时只将资本深化与技术创新的交互项作为核心解释变量。

门槛估计值显示高技术行业和传统行业都存在基于资本深化程度的双重门槛，高技术行业的门槛值分别是 0.482 和 0.706，传统行业则为

---

① Liang H. and Zhang Z., "The Effects of Industry Characteristics on the Sources of Technological Product and Process Innovation", *Journal of Technology Transfer*, Vol. 37, No. 6, 2012.

② Hall B. H., Jaffe A. and Trajtenberg M., "Market Value and Patent Citations", *RAND Journal of Economics*, Vol. 36, No. 1, 2005.

0.246 和 0.466，高技术行业的门槛估计值均高于传统行业。同时，各门槛值 95% 置信区间均通过 LR 值小于 7.35 的真实性检验。最终得出如表 5-4 所示的系数估计结果，可以看出，高技术行业的资本深化与技术创新交互项对企业技术进步的影响系数普遍高于传统行业，在三个门槛区间系数斜率变化也更大，由于高技术行业产品与工艺技术更新速度更快，充足的资本投资于技术创新活动对于其竞争力的维持显得更为重要，故二者的联动性对企业技术进步的促进作用更大。同时，高技术行业创新投入的调整成本更高，涉及的创新活动多涉及不确定性较高的基础性研发，不同研发阶段风险和收益会有明显差异，且需要充足的资金支持。这也正好印证了高技术行业的资本深化门槛估计值均高于传统行业的结果。

表 5-4　基于行业差异的门槛面板模型的系数估计结果

变量	高技术行业		变量	传统行业	
	系数	T 值		系数	T 值
SIZE	-0.8522	-5.66***	SIZE	-2.0901	-5.21***
LEV	0.0263	3.85***	LEV	0.0107	0.56
AGE	0.1082	2.73***	AGE	0.1447	1.40*
FIN	0.0008	0.21	FIN	0.0072	0.67
TECH	-0.001	-0.11	TECH	-0.0078	-0.29
INT_0 (ECD≤0.482)	0.0326	1.03*	INT_0 (ECD≤0.246)	0.0171	1.83*
INT_1 (0.482<ECD≤0.706)	0.2951	3.95***	INT_1 (0.246<ECD≤0.466)	0.1323	3.89***
INT_2 (ECD>0.706)	-0.0919	-2.44**	INT_2 (ECD>0.466)	0.0596	0.45

注：***、**、* 分别代表 1%、5%、10% 的显著性水平。

（四）基于所有制差异的检验

我国企业产权性质的差异会导致企业不同的行为特征，这也是历来学术界备受关注的问题。一般认为，国有企业相比非国有企业而言，政策和制度上占优势，既能获得部分行业的垄断势力，也更易获得金额可观的政府补贴。挤出效应和高额利润往往导致国有企业在市场竞争时表现出"惰性"，其依靠资本投入与技术创新促进企业技术进步从而提升企业绩效的动力相对不足[①]。国有企业管理者的激励机制不够完善，产权制度上的局限性使其在经营过程中不如非国有企业灵活，治理效率和资源管理水平都相对更低[②]。

为检验资本深化与技术创新协同对企业技术进步的影响在不同所有制身份的企业间是否有显著差异，进一步将样本划分为国有企业和非国有企业两大类，仍以资本深化程度作为门槛变量，发现两类企业的单一门槛和双重门槛都通过显著性检验，非国有企业的门槛值均高于国有企业。同时，各门槛值95%置信区间均通过 LR 值小于 7.35 的真实性检验。由系数估计结果（见表 5-5）可知：随着资本深化门槛的提高，资本深化与技术创新的联动性对全要素生产率的影响在两类企业中均表现出先升后降的趋势，尤其是当跨过第二重门槛值后，交互项的提高反而对全要素生产率起到了抑制作用。另外，非国有企业的交互项系数普遍高于国有企业，各门槛区间内系数的差异更大，反映非国有企业资本深化与技术创新协同对企业技术进步的促进效果更好、非线性特征也更明显。非国有企业在经营上较国有企业灵活性更强、治理效率更高、资源管理水平更佳，且国有企业有着先天政策和制度上的优势，反而降低了其依靠技术进步提升绩效的动力，而系数差异大的原因与高技术企业类似，此处不再赘述。

表 5-5　　基于所有制差异的门槛面板模型的系数估计结果

变量	国有企业		变量	非国有企业	
	系数	T 值		系数	T 值
SIZE	-1.468	-6.53***	SIZE	-1.016	-5.47***

---

① Hu A. and Jefferson G. H., "A Great Wall of Patents: What is behind China's Recent Patent Explosion?", *Journal of Development Economics*, Vol. 90, No. 1, 2009.

② 赵传仁、韩先锋、宋文飞：《研发投资对企业技术进步影响的异质门槛效应》，《中国科技论坛》2016 年第 9 期。

续表

变量	国有企业		变量	非国有企业	
	系数	T值		系数	T值
LEV	0.009	0.87	LEV	0.028	3.39***
AGE	0.075	1.53*	AGE	0.155	2.88***
FIN	-0.005	-0.81	FIN	0.001	0.15
TECH	-0.01	-0.72	TECH	0.004	0.87
INT_0 (ECD≤0.367)	0.002	0.38	INT_0 (ECD≤0.399)	-0.079	-2.25**
INT_1 (0.367<ECD≤0.479)	0.015	1.67*	INT_1 (0.399<ECD≤0.651)	0.046	1.99*
INT_2 (ECD>0.479)	-0.148	-1.59*	INT_2 (ECD>0.651)	-0.025	-2.21**

注：***、**、*分别代表1%、5%、10%的显著性水平。

（五）基于区域差异的检验

我国幅员辽阔，区域发展存在较大差异。东部地区相比中、西部地区而言，在地理位置、人才、经济实力、开放程度、国家政策等方面都更有优势。东部地区企业获取资源的便利性更高，创新意识更强，再加上创新在区域内的溢出效应明显，使得东部地区企业的资本深化与技术创新能发挥更大的协同效应，对企业技术进步的促进作用更明显。以 Penrose[①] 为代表的资源基础理论认为，企业可被视作管理框架下各种资源的集合，企业的效率是由对资源的投资和对资源的管理两方面能力所共同决定的。中、西部地区长期以来在经济发展水平等方面的先天不足，可能导致该地区企业在整体资源管理上的能力与资源的投资力度不匹配，协调信息资源、人力资源的难度大，企业资本与创新投入对技术进步的作用受到抑制。

为研究不同区域下资本深化、技术创新对企业技术进步的影响，按照样本公司注册所在地划分为东部地区和中、西部地区两组，根据前述

---

① Penrose E., "Theory of the Growth of the Firm", *Journal of the Operational Research Society*, Vol. 23, No. 2, 1959.

步骤分别进行门槛存在性检验和门槛面板模型回归，两组样本都只有单一门槛通过显著性检验，且门槛值估计有效。根据门槛面板模型的系数估计结果（见表5-6）可知：东部和中、西部地区的资本深化程度在分别跨越0.587和0.342的门槛值时，资本深化与技术创新交互项系数均由显著为正变为显著为负。当物质资本持续深化时，没有高素质的人力资本、高水平的资源配置能力与之相匹配，单纯靠研发的投入难以维持较高的创新产出，甚至出现了效率上的负相关。另外，东部地区的交互项系数高于中、西部地区，两个门槛区间内系数斜率变化也更大。相比而言，东部地区市场化程度更高，制度环境、经济发展状况、开放程度等方面优势更为明显，企业的技术创新意识更高，资本与技术协同在区域内更易产生溢出效应。同时，该地区企业在研发、人力等资源的管理和配置上占据优势，使得资本深化与技术创新协同对企业技术进步的促进作用更为显著。

表5-6　基于地区差异的门槛面板模型的系数估计结果

变量	东部地区		变量	中、西部地区	
	系数	T值		系数	T值
SIZE	-0.916	-5.05***	SIZE	-1.464	-6.38***
LEV	0.031	3.71***	LEV	0.009	0.86
AGE	0.102	2.07**	AGE	0.155	2.74***
FIN	0.001	0.08	FIN	-0.004	-0.58
TECH	0.01	0.88	TECH	-0.015	-0.98
INT_0（ECD≤0.587）	1.460	1.41*	INT_0（ECD≤0.342）	0.500	1.12*
INT_1（ECD>0.587）	-0.014	-1.75*	INT_1（ECD>0.342）	-0.055	-1.97**

注："***"、"**"、"*"分别代表1%、5%、10%的显著性水平。

五　稳健性检验

笔者采用重构关键变量的方法来进行稳健性检验，对上述实证结论的可靠性进行验证。为消除企业技术进步水平测度方法可能产生的偏差,重新使用专利申请量(PAT)作为企业技术进步的代理变量进行检验。专利技术是推动企业技术进步的重要因素,与前文选择的代表技术进步效率的全要素生产率指标相比,专利申请量代表的是企业技术进步的效果。在我国,专利从申请到授权历时时间长,且专利的申请周期也有差异,故相比专利授权数量,专利申请量能更好地评价企业的技术进步情况。参考李培楠等[①]的做法,把企业当年申请的发明专利、实用新型和外观设计的数量之和取对数后的数值作为该企业当年的专利申请量。

从对门槛效应稳健性检验的结果来看,当资本深化与技术创新协调度和交互项分别作为核心解释变量时,资本深化程度均存在双重门槛,门槛值分别为 0.163、0.433 以及 0.163、0.473。由表 5-7 报告的回归系数估计值可知,资本深化与技术创新的协调度和交互项在由门槛值构成的三个区间内,对专利申请量的影响系数均为正,基本上通过了 1% 的显著性检验,且均呈现先升后降的趋势,说明随着企业内资本的持续深化,其与技术创新结合发挥的协同效应对企业技术进步的促进作用是逐渐增强后又渐渐变弱的,与之前的门槛模型回归结果基本一致,模型的稳健性得到证实。

表 5-7　　门槛效应模型的稳健性检验结果

变量	协调度		交互项	
	系数	T 值	系数	T 值
SIZE	0.106***	4.66	0.105***	4.24
LEV	0.001	0.02	-0.001	-0.01
TECH	-0.001	-0.61	-0.001	-0.6
AGE	-0.05***	-6.5	-0.033***	-4.55
FIN	0.001*	1.64	0.001**	2.02
COO_0	1.65***	3.92		
COO_1	2.36***	5.26		

---

① 李培楠、赵兰香、万劲波:《创新要素对产业创新绩效的影响——基于中国制造业和高技术产业数据的实证分析》,《科学学研究》2014 年第 4 期。

续表

变量	协调度		交互项	
	系数	T值	系数	T值
COO_2	2.11***	4.89		
INT_0			1.631	1.32
INT_1			8.952***	5.35
INT_2			5.305***	3.51
常数项	-2.27***	-3.31	0.159	0.34

注：***、**、*分别代表1%、5%、10%的显著性水平。

第二节 企业技术进步的中介效应检验

一 中介效应模型设定及变量说明

结合第三章的机理分析，进一步借助中介效应模型来分析企业技术进步在资本深化与技术创新协同推进产业结构升级中的作用。中介效应被认为是间接效应，主要是把解释变量 X 对被解释变量 Y 的影响分解为两部分：一是 X 直接作用于 Y；二是 X 通过变量 M 这一媒介间接作用于 Y，这一起传递作用的变量 M 即为中介变量，属于内在实质性的作用变量。参照温忠麟等[①]关于中介效应的基本建模思路，检验流程如下：

首先，依次建立三个回归方程，如图5-1。

$$Y = \alpha + \beta_1 X + \delta CONTROL + \varepsilon$$

$$M = \alpha + \lambda X + \varphi CONTROL + \varepsilon$$

$$Y = \alpha + \beta_2 X + \gamma M + \theta CONTROL + \varepsilon$$

其中，Y 是被解释变量，X 是解释变量，M 是中介变量，$CONTROL$ 是控制变量，ε 为随机扰动项。接下来是对各系数逐一检验，具体检验流程图如图5-2。

根据流程图可知中介效应一般分三个步骤：（1）检验 X 对 Y 的影

---

① 温忠麟、叶宝娟：《中介效应分析：方法和模型发展》，《心理科学进展》2014年第5期。

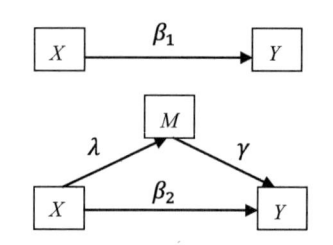

图 5-1 中介效应基本建模思路

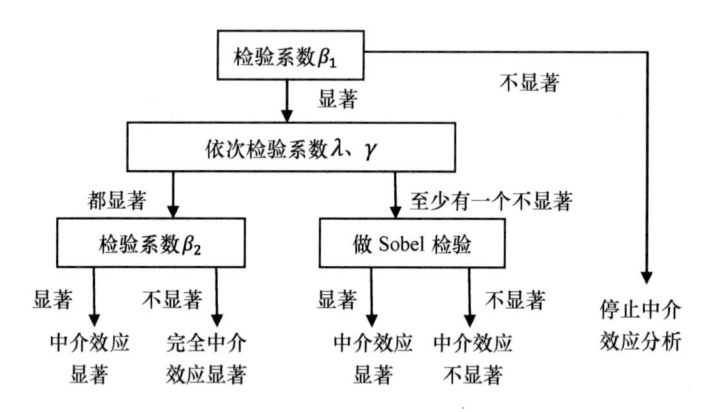

图 5-2 中介效应检验流程图

响,即系数 β_1 的显著性;(2)检验 X 对 M 的影响,即系数 λ 的显著性;(3)检验 M 和 X 对 Y 的影响,即 γ 和 β_2 的显著性,若 β_2(衡量直接效应)不显著,则存在完全中介效应(可由 $\gamma * \lambda$ 度量),若 β_2 显著,则存在部分中介效应。据此,笔者采用中介效应检验方法来分析微观层面资本深化与技术创新协同推进产业结构升级是否存在企业技术进步的中介效应。构建如下计量方程:

$$Y_{it} = \beta_0 + \beta_1 X_{it} + \beta_2 CONTROL_{it} + \lambda_i + \varepsilon_{it} \quad (5-16)$$

$$TFP_{it} = \beta_0 + \beta_1 X_{it} + \beta_2 CONTROL_{it} + \lambda_i + \varepsilon_{it} \quad (5-17)$$

$$Y_{it} = \beta_0 + \beta_1 TFP_{it} + \beta_2 X_{it} + \beta_3 CONTROL_{it} + \lambda_i + \varepsilon_{it} \quad (5-18)$$

其中,Y_{it} 代表第 i 家公司所在行业 t 年的产业结构升级指标[分别用合理化(RAT)、高度化(ADV)和绿色化(GREEN)衡量];X_{it} 代表第 i 家公司 t 年的资本深化与技术创新协同指标 [分别用二者的协调度（COO）和交互项（INT）测度]；λ_i 反映个体效应；ε_{it} 为随机干扰项。

式中多数指标含义在本章第一节中已做说明，不再赘述。对于被解释变量，考虑到微观企业数据衡量产业结构升级时操作的可行性和数据的可获取性，本章选择产业结构升级代理变量时与第六章做法不同，更多的是从样本企业所在的行业视角去考量。

由前文分析可知，产业结构合理化反映了不同产业之间的协调程度，劳动力、资本、技术等要素的投入数量不同，导致不同产业的规模、成熟度也不尽相同。多数学者用泰尔指数来衡量产业结构合理化水平，具体公式如下：

$$RAT = \sum_{i=1}^{n}\left(\frac{Y_i}{Y}\right)ln\left(\frac{Y_i}{L_i} \Big/ \frac{Y}{L}\right) \qquad (5-19)$$

其中，RAT 表示微观层面测算的产业结构合理化指数，将前述 1548 家企业按照所属行业依次分类，Y 表示总产值，Y_i 表示第 i 个行业的产值，L 表示总就业人口，L_i 表示第 i 个行业的就业人数，n 表示行业部门数。在理想均衡状态下，泰尔指数为 0，此时各行业劳动生产率与总劳动生产率相等；而现实中，生产要素的配置很难达到最优状态。因此，RAT 值的大小就可用来衡量产业结构不合理的程度，该值越小（趋于 0），所表示的产业合理化水平越高；反之，该值越大（偏离 0），表明产业结构合理化水平越低。

产业结构高度化的突出特征是技术进步所带来的产业劳动生产率的提高，故用各行业劳动生产率作为产业结构高度化在微观层面的代理变量（ADV），反映各行业劳动者开展生产活动的能力与效率，参考孙浦阳等[1]的做法，用样本公司所在行业总产值与从业人数的比值表示。

对于产业结构绿色化升级（GREEN），则选取了代表各行业环境污染与治理能力的四个指标来衡量，其中单位产值工业废水排放量 X_{i1}

---

[1] 孙浦阳、韩帅、许启钦：《产业集聚对劳动生产率的动态影响》，《世界经济》2013 年第 3 期。

(吨/万元)、单位产值工业二氧化硫排放量 X_{i2}（吨/亿元）为负向指标，废水治理设施处理能力 X_{i3}（万吨/日）和工业废气治理设施处理能力 X_{i4}（万立方米/时）为正向指标。按照第四章第二节第一部分中的具体步骤，先用极值法进行指标正向化无量纲处理（设标准化后的值为 Y_{ij}），接着采用熵权法对四个指标进行赋权，从而得到微观层面的产业结构绿色升级指标：$GREEN = 0.1338 \times Y_{i1} + 0.1465 \times X_{i2} + 0.3863 \times X_{i3} + 0.3334 \times X_{i4}$。

二 中介效应模型检验结果

(一) 全样本检验结果

根据前文中介效应模型的设定，对公式（5-16）—公式（5-18）依次进行验证。根据 Hausman 检验结果，所有模型均采用固定效应模型，具体实证结果如表5-8、表5-9所示。

从对公式（5-16）的回归结果（见表5-8）可知，不论是企业资本深化与技术创新的协调度，还是二者的交互项，对于产业结构合理化指数的影响系数均不显著，因此，终止对产业结构合理化的中介效应检验。对产业结构高度化和绿色化水平而言，COO 和 INT 的系数都显著为正，说明二者协同推进产业结构高度化和绿色化升级的直接影响是显著的。二者的协调性和联动性一方面能提高单位劳动力的产出，进而促进行业劳动生产率的提升；另一方面提高了企业清洁生产及末端治理能力，有效降低了行业污染排放，提升了行业污染处理能力。这一结果也说明中介效应模型的检验可以继续下去。

关于资本深化与技术创新协同对企业技术进步的影响，也即中介效应的第2步骤的检验在第一小节已完成，根据表5-3的门槛回归结果，当资本深化程度超过0.354时，资本深化与技术创新的协调度对企业技术进步的回归系数显著为正，只有当资本深化程度在0.354—0.539区间内，二者交互项对企业技术进步的影响系数才为正数，且通过1%的显著性检验。综合来看，当资本深化程度处于0.354—0.539的门槛区间时，资本深化与技术创新协同能显著提升企业的全要素生产率，推动企业技术进步。

第五章 资本深化与技术创新协同推进产业结构升级

表5-8 企业资本深化与技术创新协同对产业结构升级影响的直接效应

变量	RAT 系数	RAT T值	RAT 系数	RAT T值	ADV 系数	ADV T值	ADV 系数	ADV T值	GREEN 系数	GREEN T值	GREEN 系数	GREEN T值
COO	0.039	0.76			1.04***	3.35			0.254***	4.14		
INT			0.024	0.82			1.352**	1.95			0.554***	4.1
SIZE	0.004***	11.76	0.004***	11.31	−0.112***	−5.72	−0.106***	−5.63	−0.002	−0.31	−0.001	−0.23
LEV	−0.001	−1.57	−0.001	−1.59	0.00*	1.82	0.00*	1.86	−0.001	−1.02	−0.002	−1.07
TECH	−0.001	−0.47	−0.001	−0.15	−0.002	−1.49	−0.002	−1.6	−0.003	−1.12	0.012	−1.04
AGE	−0.008***	−7.16	−0.007***	−7.91	0.168***	8.63	0.161***	3.35	0.011***	7.95	0.012***	9.56
FIN	0.001***	9.56	0.001***	9.76	−0.002***	−3.37	−0.002***	−3.47	−0.001*	−1.32	−0.001	−1.24
常数项	0.114	15.38	0.126	17.49	14.01***	15.11	13.978***	16.43	0.444***	14.72	0.449***	14.54
R^2	0.5046		0.5871	0.4918	0.574	0.567						
F值	3.84***	3.99***	176.81***	176.8***	43.34***	43.29***						

注：***、**、*分别代表1%、5%、10%的显著性水平。

进一步进行步骤3的检验，根据表5-9的结果，把资本深化与技术创新协同性指标、企业技术进步同时加入模型，可以看出资本深化与技术创新的协调性、交互性指标以及全要素生产率对产业结构高度化和绿色化的系数均显著为正，说明企业资本深化与技术创新协同通过推动企业技术进步进而间接促进产业结构升级。二者协调性对高度化和绿色化升级的直接影响系数分别为0.103和0.026，其中企业技术进步的部分中介效应值为0.015和0.006；二者联动性对高度化和绿色化升级的直接影响系数分别为0.133和0.056，其中企业技术进步的部分中介效应值为0.116和0.047，均在1%的水平上显著。表5-10和图5-3可以更直观地反映全样本下门槛效应和中介效应的实证结果。

表5-9　　　　　　基于企业技术进步的中介效应回归结果

变量	ADV		ADV		GREEN		GREEN	
	系数	T值	系数	T值	系数	T值	系数	T值
TFP	0.049***	3.26	0.048***	3.3	0.02*	1.85	0.02***	4.12
COO	0.103***	3.3			0.026***	4.16		
INT			0.133*	1.92			0.056***	4.12
SIZE	-0.113***	-5.98	-0.011***	-5.89	-0.002	-0.34	-0.001	-0.26
LEV	0.001*	1.96	0.002**	2	-0.001	-0.99	-0.001	-1.05
TECH	-0.001	-1.5	-0.001*	-1.61	-0.001	-1.13	-0.001	-1.05
AGE	0.0168***	28.71	0.016***	30.46	0.001***	7.99	0.001***	9.59
FIN	-0.001***	-3.37	-0.001***	-3.47	-0.001	-1.34	-0.001	-1.26
常数项	14.022***	9.41	13.994***	9.38	0.444***	41.71	0.450***	42.52
R^2	0.4921		0.5021		0.4773		0.476	
F值	176.97***		176.8***		37.25***		37.2***	

注：***、**、*分别代表1%、5%、10%的显著性水平。

另外，控制变量的回归结果表明，企业规模对企业技术进步以及产业结构高度化升级的影响显著为负，对产业结构绿色化升级的影响不显著，规模大的企业在资源配置、要素效率上不占优势，不利于企业全要素生产率的提升以及产业结构的升级；负债率高的企业表现出更高的技术进步水平及产业结构高度化水平，但对产业结构绿色化的影响不显著；技术人员占比对企业技术进步及产业结构升级的影响不显著，"多而不精"可能是这些企业技术人员存在的通病，员工工作经历、年限、受教育水平等因素对企业技术进步的影响比人员数量更为重要；企业年龄与技术进步及产业结构升级均表现出显著正相关，随着企业发展日趋成熟，劳动者素质及资源配置能力逐渐提升，边际产出增加，行业吸纳资金、人才等能力也不断提升，有利于技术进步及产业升级；股票的流通性对企业技术进步及产业结构绿色化升级的影响不显著，对产业结构高度化升级的影响系数显著为负，说明资本市场的金融支持对企业技术进步及产业升级未能发挥积极的作用。

表 5－10　　　　　**全样本中介效应存在性检验结果**

	全样本		
	合理化（*RAT*）	高度化（*ADV*）	绿色化（*GREEN*）
协调性（*COO*）	不存在中介效应	部分中介 0.312 × 0.049 = 0.015	部分中介 0.312 × 0.02 = 0.006
联动性（*INT*）	不存在中介效应	部分中介 2.371 × 0.049 = 0.116	部分中介 2.371 × 0.02 = 0.047

注：下方数值代表适度资本深化程度下的中介效应效果量。

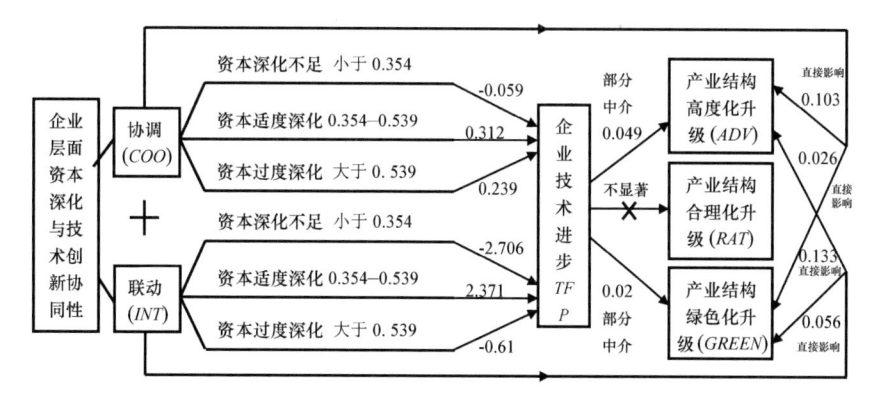

图 5－3　**全样本门槛和中介效应检验结果**

(二) 基于区域差异的检验结果

为研究不同区域下资本深化与技术创新协同推进产业结构升级的中介效应有何差异,依据本章第一节中方法分为东部地区和中、西部地区进行分组回归,按照第二节的建模思路及检验步骤,依次进行中介效应检验,同样只选取资本深化与技术创新的交互项作为核心解释变量,回归结果如表5-11、表5-12所示(合理化水平的检验依旧是在步骤1时就终止,此处不再列示)。

表5-11　　　基于行业差异的中介效应回归结果(步骤1)

变量	东部地区				中、西部地区			
	ADV		GREEN		ADV		GREEN	
	系数	T值	系数	T值	系数	T值	系数	T值
INT	2.16**	2.31	0.076***	3.5	0.265*	1.75	0.04***	2.38
SIZE	-0.114***	-5.07	0.001	0.16	-0.092***	-2.66	-0.001	-0.47
LEV	0.001	1.39	-0.001	-1.44	0.002	1.14	0.001	0.13
TECH	0.001	-0.61	-0.001**	-2.1	-0.004*	-1.88	0.001	1.1
AGE	0.172***	6.14	0.001***	6.12	0.14***	15.6	0.001***	7.55
FIN	-0.001***	-3.14	-0.001	-1.27	-0.001**	-2.05	0.000	0.03
常数项	13.97***	12.89	0.438***	12.01	14.001***	19.01	0.468***	8.09
R^2	0.4751	0.4000	0.4611	0.567				
F值	179.85***	23.75***	166.41***	43.29***				

注:***、**、*分别代表1%、5%、10%的显著性水平。

从微观层面资本深化与技术创新交互项对产业结构升级直接影响的分组结果(见表5-11)来看,东部地区的促进作用普遍大于中、西部地区,东部地区的区位政策优势、资源配置效率等为资本深化与技术创新协同效应的发挥提供了沃土,使得其对产业结构高度化和绿色化升级的促进作用更好地体现出来。步骤2的检验在第一节中已经列示(见表5-6),可知当资本深化程度分别低于0.483和0.399的门槛值时,资本深化与技术创新交互项对企业技术进步表现出积极的推动作用。从步骤3企业技术进步的中介效应回归结果(见表5-12)来看,全要素生产率在 4 个模型中系数均显著为正,而中、西部地区资本深化与技术创新交互项对高度化的影响系数变得不显著,说明企业技术进步在资本深化与技术创新协同推进中、西部产业结构高度化升级中起到了完全中介效应,完全中介的影响值为 0.5×0.051=0.026。除此之外,企业技术进步在资本深化与技术创新协同推进东部地区产业结构高度化、绿色化以及中、西部产业结构绿色化的过程中都发挥了部分中介效应,且东部地区部分中介效应的影响值要大于中、西部地区。

表 5-12　　基于行业差异的中介效应回归结果(步骤3)

变量	东部地区 ADV		东部地区 GREEN		中、西部地区 ADV		中、西部地区 GREEN	
	系数	T值	系数	T值	系数	T值	系数	T值
TFP	0.048***	2.84	0.0001*	1.64	0.051*	1.69	0.0005*	1.96
INT	0.212**	2.26	0.079***	3.51	0.027	0.26	0.04**	2.38
SIZE	-0.012***	-5.25	0.001	0.15	-0.01***	-2.86	-0.001	-0.54
LEV	0.001	1.54	-0.001	-1.42	0.001	1.17	0.000	0.14
TECH	-0.001	-0.59	-0.001**	-2.1	-0.001*	-1.93	0.000	1.08
AGE	0.017***	6.2	0.001***	6.13	0.014***	5.68	0.001***	7.6
FIN	-0.001***	-3.14	-0.001	-1.28	-0.001**	-2.05	0.000	0.02
常数项	13.983***	13.81	0.438***	13.99	14.022***	9.48	0.470***	8.05
R^2	0.5160		0.4000		0.5711		0.596	
F值	179.96***		20.37***		166.34***		19.02***	

注:***、**、*分别代表 1%、5%、10% 的显著性水平。

三　稳健性检验

采用本章第一节中类似的方法,依次对上述中介效应模型进行稳健性检验,观察表 5-13、表 5-14 的中介效应模型检验结果可知:资本深化与技术创新的协调和联动指标对专利申请量的系数均显著为正,无论是产业结构高度化还是绿色化升级,二者的协调和联动指标以及以专利申请量为代理变量的企业技术进步都表现出显著的促进作用,再次证明前述中介效应结果是可靠的,也即资本深化与技术创新协同推进产业结构升级是基于企业技术进步的间接作用。另外,对比表5-9和表5-14的估计结果,全要素生产率的系数要大于专利申请量的估计系数,说明全要素生产率对产业结构升级的促进效果更明显。

表 5-13　　　中介效应模型的稳健性检验结果(直接效应)

变量	PAT (AVD)		PAT (AVD)		PAT (GREEN)		PAT (GREEN)	
	系数	T值	系数	T值	系数	T值	系数	T值
COO	1.338***	3.54			0.771*	1.66		
INT			1.912**	2.26			0.057*	1.65
SIZE	0.108***	4.73	0.107***	4.66	0.117***	2.74	0.117***	2.74
LEV	-0.001	-0.17	-0.001	-0.21	-0.003**	-2.16	-0.003**	-2.13
TECH	-0.001	-0.49	-0.001	-0.38	-0.001	-0.22	-0.001	-0.14
AGE	-0.05***	-6.99	-0.042***	-6.45	-0.067***	-5.99	-0.058***	-5.7
FIN	0.001	1.44	0.001	1.54	0.002**	2.26	0.002**	2.31
常数项	-0.176	-0.36	0.19	0.4	0.169	0.2	0.326	0.38
R^2	0.491		0.539		0.427		0.459	
F值	17.11***		17.1***		15.27***		15.26***	

注:***、**、*分别代表1%、5%、10%的显著性水平。

表 5-14　　　中介效应模型的稳健性检验结果(间接效应)

变量	ADV		ADV		GREEN		GREEN	
	系数	T值	系数	T值	系数	T值	系数	T值
PAT	0.001*	1.66	0.001*	1.98	0.001*	1.69	0.001*	-1.61
COO	0.106***	-3.39			0.025***	4.15		
INT			0.136**	-1.97			0.055***	4.1
SIZE	-0.011***	-5.77	-0.011***	-5.67	-0.001	-0.29	-0.001	-0.21
LEV	0.001*	1.83	0.001*	1.86	-0.001	-1.02	-0.001	-1.08
TECH	-0.001	-1.49	-0.001	-1.6	-0.001	-1.12	-0.001	-1.04
AGE	0.017***	8.63	0.016***	3.34	0.011***	7.87	0.001***	9.48
FIN	-0.001***	-3.39	-0.001***	-3.49	-0.001	-1.3	-0.001	-1.23

续表

变量	ADV		ADV		GREEN		GREEN	
	系数	T值	系数	T值	系数	T值	系数	T值
常数项	14.008***	5.15	13.97***	6.45	0.444***	4.73	0.449***	4.55
R^2	0.4719		0.5021		0.476		0.476	
F值	176.39***		176.8***		37.2***		37.2***	

注：***、**、*分别代表1%、5%、10%的显著性水平。

第三节 本章小结

本章运用我国上市企业2011—2017年的面板数据，通过门槛效应和中介效应模型的结合，从微观层面实证检验资本深化与技术创新协同通过企业技术进步这一中介变量对产业结构升级的影响，并确定资本深化程度的最优区间。综合两类模型的实证结果，可形成如下结论。

（1）微观层面资本深化与技术创新协同促进企业技术进步存在资本深化程度的门槛效应，资本深化的不足与过度都会阻碍其协同性对技术进步的促进效果。当资本深化程度处于0.354—0.539这一区间时，对二者协同推进企业技术进步最有利。这一门槛特征表现出显著的行业、所有制身份及区域差异，高技术行业较低技术行业、非国有企业相比国有企业、东部区域较中西部地区，均表现出更为明显的非线性特征，在三个门槛区间内影响的变化程度更大，资本深化与技术创新协同的影响系数及资本深化程度门槛值均更高。

（2）微观层面资本深化与技术创新协同推进产业结构高度化和绿色化升级存在企业技术进步的中介效应，而中介效应在合理化升级过程中不显著（原因在于技术进步直接带动产业结构向高水平演进，而绿色技术创新发挥节能环保效应促进产业绿色化发展，但是，技术进步可能并非产业间协调发展的根本动因）。具体而言，当资本深化程度在0.354—0.539区间内，微观层面资本深化与技术创新协调性促进产业结构高度化和绿色化升级的直接影响值分别为0.103和0.026，而企业技术进步在此过程中发挥的部分中介效应大小分别为0.015和0.006；

二者联动性促进产业结构高度化和绿色化升级的直接影响值分别为 0.133 和 0.056，企业技术进步在这一过程中的部分中介效应分别为 0.116 和 0.047。另外，这一中介效应在东部和中、西部区域的分组中同样显著，且东部地区中介效应的影响值要大于中、西部地区。

第六章

资本深化与技术创新协同推进产业结构升级

——宏观层面的实证检验

上一章是针对资本深化与技术创新影响产业结构升级的微观机理展开实证研究，验证了微观层面资本深化与技术创新协同通过企业技术进步的中介效应促进产业结构升级。本章将从宏观层面针对资本深化与技术创新协同对产业结构升级的直接影响展开第三部分实证研究，首先利用我国各省域宏观数据对产业结构升级的合理化、高度化和绿色化三方面内涵进行测度和对比分析，并进一步测算产业结构升级综合指数；其次构建动态面板模型，采用系统 GMM 检验资本深化、技术创新对产业结构升级的单独影响及共同影响；最后考察东、中、西部地区间的差异，从而更科学、更客观和更深层次地解析资本深化、技术创新和产业结构升级相对稳定的作用关系。

第一节 全国及省域产业结构升级的测度与分析

正如前文所述，为全方面、多角度考量我国产业结构升级的动态演化过程，将产业结构升级细分为产业结构合理化、高度化和绿色化三个不同层面。本小节根据前述产业结构升级的理论内涵，结合前人的相关研究基础，通过构建指标评价体系，对产业结构升级的三个层面内容及产业结构升级综合指数进行度量,并结合全国和省域数据进行测度和对比分析。

一 产业结构合理化的测度与分析

(一) 产业结构合理化的度量方法

与第五章第二节中微观层面的产业结构合理化度量方法类似,此处采用干春晖[①]、王定祥[②]等学者的做法,用泰尔指数来衡量全国和省域层面产业结构升级过程中的合理化水平。公式如下:

$$IR = \sum_{i=1}^{3}\left(\frac{Y_i}{Y}\right)ln(\frac{Y_i}{L_i}/\frac{Y}{L}) \qquad (6-1)$$

其中,IR 表示全国和省域层面产业结构的合理化指数,Y 表示国内生产总值,Y_i 表示第 i 产业的总产值,L 表示总就业人口,L_i 表示第 i 产业的就业人数。通过式(6-1)可知,在理想均衡状态下,各产业之间的生产率相同,所以第一、第二、第三产业的产值除以就业人口计算出的生产率与总劳动生产率相等,此时,$\frac{Y_i}{L_i}/\frac{Y}{L}$ 为 1,得出 $IR=0$。同样地,IR 值越小,表示所在区域的产业合理化水平越高;反之,表明区域产业结构合理化水平越低。

(二) 我国产业结构合理化水平测度结果及分析

根据公式 6-1 计算我国 1998—2017 年的产业结构合理化水平,如图 6-1 折线图所示,我国产业结构合理化指数在 1998 年为 0.24,在之后的五年里经历了小幅上升之后,最终到 2017 年降到 0.12,表明我国产业结构合理化水平在整体上处于优化状态。尤其是从 2004 年开始,合理化水平提升明显,产业间的聚合能力、协调水平不断提高。从其动因来看,我国国有商业银行股权改置,金融制度改革的推进,资本市场逐步成熟,资本要素配置中市场作用逐步占优势,城镇化进程步伐加

---

① 干春晖、郑若谷、余典范:《中国产业结构变迁对经济增长和波动的影响》,《经济研究》2011 年第 5 期。

② 王定祥、李伶俐、吴代红:《金融资本深化、技术进步与产业结构升级》,《西南大学学报》(社会科学版) 2017 年第 1 期。

快，劳动力从第一产业中解放出来投入第二、第三产业等对推动我国经济结构的优化均起到了积极的作用。

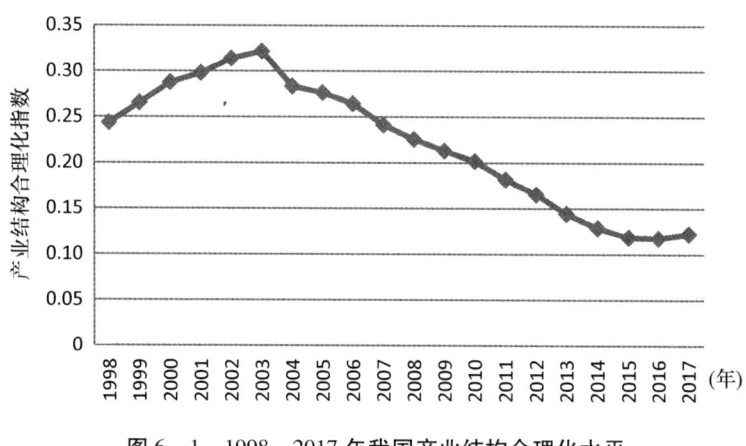

图 6-1 1998—2017 年我国产业结构合理化水平

进一步比较全国各省域的产业结构合理化水平，与第四章类似，以 2007 年和 2017 年为例进行对比。从图 6-2 可知，在 2007 年，有超过 2/3 的省域产业结构合理化指数超过 0.2；而到了 2017 年，已有一半以上的省域将该值控制在了 0.2 以下。2017 年产业结构合理化水平排在前五位的分别是上海、北京、天津、浙江和江苏，这些都是经济发达地区，而排名靠后的陕西、甘肃和宁夏等地的产业结构合理化水平还相对

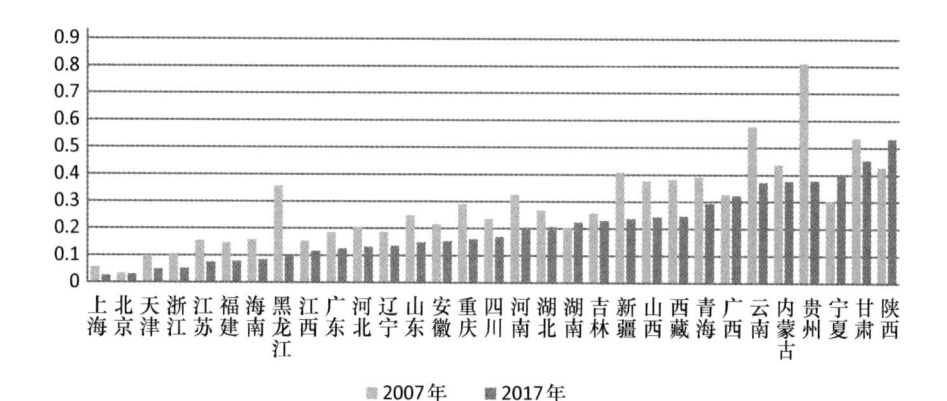

图 6-2 各省域产业结构合理化水平对比

较低。从趋势上看，除湖南、陕西和宁夏外，其他省域在这十年间产业结构合理化指数均有降低，代表多数省域的产业结构合理化水平在不断提升，提升幅度前三位的分别是黑龙江、江苏和浙江。

二 产业结构高度化的测度与分析

（一）产业结构高度化的度量方法

产业结构升级的高度化过程，是产业结构从低级向高级攀升和发展的过程，反映了技术不断提升的过程，通常以新技术、新工艺的开发和应用为标志。在整个国民经济层面，主要表现为产业的重心依次从第一产业向第二产业和第三产业转移；而对于工业内部结构层面而言，是由劳动密集型产业到资本密集型产业、技术（知识）密集型产业的演进；从劳动对象加工深度来看，也是初级加工、粗加工向深加工、精加工转变的过程；从生产要素和资源的配置来看，是要素和资源由劳动生产率低的部门向劳动生产率高的部门转移和配置的过程。大多数学者采用第三产业部门增加值与第二产业部门增加值之比或是第三产业产值占 GDP 的比重来衡量产业结构高度化水平[①]，由前文分析可知，单纯考虑第三产业的发展来代表高度化水平还是片面的。此处用三大产业占比与各自劳动生产率的乘积之和作为产业结构高度化水平的衡量指标，在产业结构中，劳动生产率高的产业所占的份额越大，则产业结构的高度化水平越高，具体表示如下：

$$IH = \sum (\omega_{it} \times LP_{it}) \qquad (6-2)$$

其中，IH 是产业结构高度化指数；ω_{it} 代表 t 时期 i 产业产值占总产值的比重；LP_{it} 代表 t 时期 i 产业的劳动生产率，用 t 时期 i 产业的产值与 t 时期 i 产业的从业人数之比表示。为了消除量纲的影响，需要对劳动生产率指标标准化处理，公式如下：

---

① 程莉：《产业结构的合理化、高级化会否缩小城乡收入差距——基于 1985—2011 年中国省级面板数据的经验分析》，《现代财经—天津财经大学学报》2014 年第 11 期；崔庆安、王文坡、张水娟：《金融深化、产业结构升级与技术创新——基于空间杜宾模型的实证分析》，《工业技术经济》2018 年第 2 期。

$$LP_{it}^{n} = \frac{LP_{it} - LP_{ib}}{LP_{if} - LP_{ib}} \quad (6-3)$$

其中，LP_{it}^{n} 是标准化后的产业 i 的劳动生产率；LP_{ib} 和 LP_{if} 分别为工业化开始和完成时 i 产业的劳动生产率。该标准化的劳动生产率意味着目标产业 i 与发达经济产业劳动生产率的趋近程度，利用标准化的劳动生产率所计算出的产业结构高度化指数则代表了目标产业结构与工业化完成状态时的产业结构高度的离差[1]。高度化指数与 1 越接近，预示着越接近工业化完成时的产业结构高度；高度化指数越高，代表产业结构高度化水平也越高。

对于 LP_{ib} 和 LP_{if} 的取值，参考郭海霞[2]根据钱纳里标准结构模型中关于工业化起点和终点的美元数据换算成 2005 年人民币价格，即 LP_{1b} = 2570 元，LP_{1f} = 53058 元，LP_{2b} = 10755 元，LP_{2f} = 141036 元，LP_{3b} = 12509 元，LP_{3f} = 49441 元。据此，将我国 1998—2017 年相关数据通过价格平减，转换为 2005 年不变价格依次带入公式（6-3）和公式（6-2），可以求得 20 年间我国产业结构高度化指数，用同样的方法可以计算各省域产业结构高度化指数。

（二）我国产业结构高度化水平测度结果及分析

图 6-3 是我国 1998—2017 年的产业结构高度化指数折线图，可以看出，从 1998 年的 0.11 到 2017 年的 1.57，我国产业结构高度化水平在 20 年间呈不断提升趋势。20 年前，我国产业结构表现为以一般的制造业、劳动密集型产业为主，服务业尚处于发展起步阶段，随着市场经济制度的确立，劳动力得到解放，同时，外资大量涌入，助推了产业结构高度化水平的第一次飞跃。2006 年之后，农业税取消，农村劳动力再一次得到解放，产业间劳动力发生转移，在后续的相当长一段时间中，高度化水平保持稳步上升趋势，直到 2013 年该指标突破 1，预示着我国的产业结构已达到了工业化完成时期产业结构高度水平。加上近年

---

[1] 靖学青：《区域产业转移与产业结构高度化——基于长江经济带的实证研究》，《江西社会科学》2017 年第 10 期。

[2] 郭海霞：《资源型地区承接国际产业转移的产业结构效应研究——以山西省为例》，《经济问题》2017 年第 3 期。

来国家的创新发展及大力扶持现代服务业战略红利,产业结构高度化水平出现迅猛增长趋势,从 2012 年到 2016 年短短五年间,提升了 57.69%。

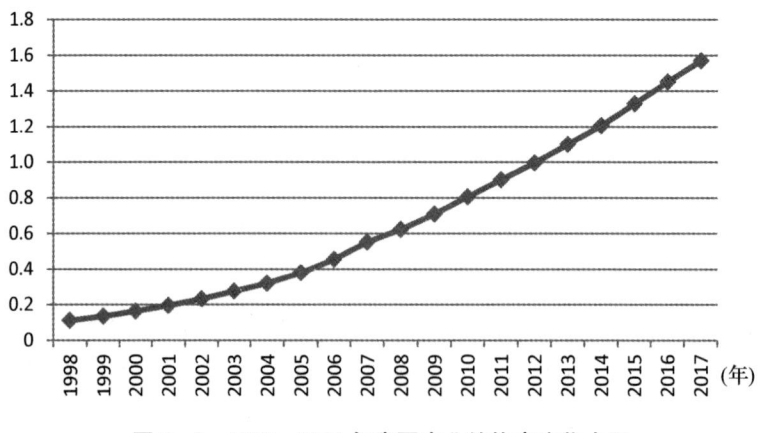

图 6-3 1998—2017 年我国产业结构高度化水平

进一步比较全国各省域的产业结构高度化水平,同样以 2007 年和 2017 年为例,从图 6-4 可知,在 2007 年,除北京、上海、天津、广东外,其他省域的产业结构高度化指数均未达到 1,说明多数省域距离工业化完成时期的产业结构高度仍有距离。而到了 2017 年,已有超过八成的省域高度化指数超过 1,其中,排名在前的上海、北京、天津的这

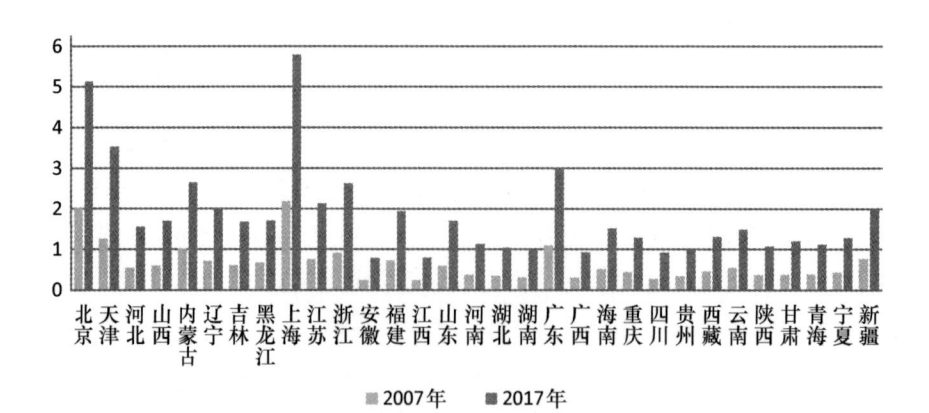

图 6-4 全国各省域产业结构高度化指数对比

一数值已超过3，而排名靠后的五个省域分别是安徽、江西、四川、广西和贵州，这些省域的产业结构高度化指数仍未达到1。从趋势上看，所有省域在这十年间产业结构高度化水平均有提升，提升幅度前三位的分别是四川、江西和安徽，基础较弱的省域增速相对更高。

三 产业结构绿色化的测度与分析

（一）产业结构绿色化的度量方法

面对生态环境日益恶化的严峻问题，产业结构优化单纯从合理化和高度化两方面来衡量显然是不够的，有必要把节能减排、改善生态环境质量等绿色指标纳入产业升级的内涵。曹华、张茜[1]构建了基于循环经济的产业结构优化评价指标体系，主要包括经济和社会发展、资源利用、生态环境和技术支持四个方面。陆根尧[2]构建了产业结构的生态化指标，并运用主成分分析、因子分析与聚类分析相结合的方法，评价和分析了我国省际产业生态化水平。在前人研究基础之上，结合指标的可获取性，从能源消耗、污染排放、环保治理等方面构建产业结构绿色化水平的指标评价体系（见表6-1），并采用熵权法赋权计算出综合指数作为产业结构绿色化水平的衡量指标，从而更好地反映绿色发展理念下我国产业优化升级所需要承担的重要任务。指标体系中的所有数据均来自《中国统计年鉴》《中国环境统计年鉴》《中国能源统计年鉴》各省统计年鉴以及同花顺iFinD数据库。

（二）我国产业结构绿色化水平测度结果及分析

按照熵权法计算出1998—2017年全国层面产业结构绿色化综合指数，确定的各指标权重分别为：单位工业产值能耗15.94%、单位工业产值电耗18.51%、单位工业产值二氧化硫排放量11.70%、单位工业产值废水排放量12.69%、单位工业产值固体废物排放量9.41%、工业固体废物综合利用量19.44%、环境污染治理投资占GDP比重12.31%。

---

[1] 曹华、张茜：《基于循环经济的中国各地区产业结构优化评价》，《经济问题》2010年第7期。

[2] 陆根尧、盛龙、唐辰华：《中国产业生态化水平的静态与动态分析——基于省际数据的实证研究》，《中国工业经济》2012年第3期。

如图 6-5 所示，我国产业结构绿色化水平综合指数从 1998 年的 0.1 到 2017 年的近 0.9，逐年递增趋势非常显著，特别是 2006 年到 2011 年增幅达 116%，可见产业结构绿色化水平处于持续优化之中，主要归因于产业发展对资源消耗的依赖程度在降低、对生态的破坏性趋于减弱，环境治理力度在加大。

表 6-1　　　　　产业结构绿色化水平测度指标评价体系

目标层	准则层	指标层	符号	单位	类型
产业结构绿色化	能源消耗	单位工业产值能耗	G_{11}	吨标准煤/万元	负向
		单位工业产值电耗	G_{12}	千瓦时/元	负向
	污染排放	单位工业产值二氧化硫排放量	G_{21}	吨/万元	负向
		单位工业产值废水排放量	G_{22}	吨/万元	负向
		单位工业产值固体废物排放量	G_{23}	吨/万元	负向
	环保治理	工业固体废物综合利用量	G_{31}	万吨	正向
		环境污染治理投资占 GDP 比重	G_{32}	—	正向

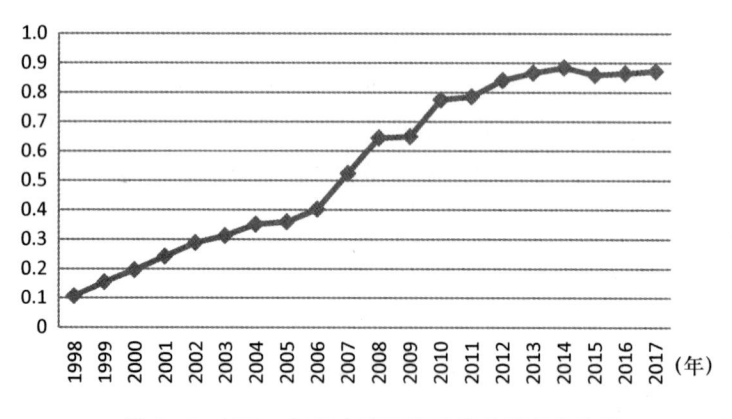

图 6-5　1998—2017 年我国产业结构绿色化水平

进一步计算出我国各省域绿色化水平综合指数①，确定的各指标权重分别为：单位工业产值能耗 13.66%、单位工业产值电耗 12.96%、单位工业产值二氧化硫排放量 9.68%、单位工业产值废水排放量

---

①　这里不包括西藏，原因是西藏的部分指标缺失严重。

11.97%、单位工业产值固体废物排放量 8.31%、工业固体废物综合利用量 16.99%、环境污染治理投资占 GDP 比重 26.42%，绘制出各省域 2007 年和 2017 年产业结构绿色化水平的对比图（见图 6-6）。

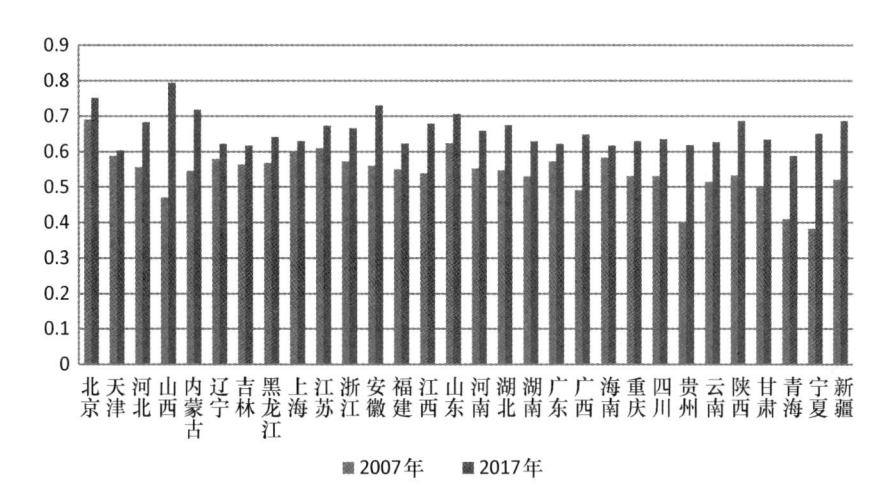

图 6-6 各省域产业结构绿色化水平对比

可以看出，在 2007 年，产业结构绿色化水平排名前四位的分别是北京、山东、江苏和上海，其余省域产业结构绿色化水平综合指数均低于 0.6；而到了 2017 年，除了青海一省其余省域这一综合指数均已超过 0.6。2017 年产业结构绿色化水平排在前五位的分别是山西、北京、安徽、内蒙古和山东。从趋势上看，所有省域的产业结构绿色化水平在这十年间都有所提升，提升幅度前三位的分别是宁夏、山西和贵州。

四 产业结构升级综合指数的测度与分析

为了从整体上更为直观地反映各省域产业结构升级水平，根据产业结构合理化、高度化和绿色化指数，采用熵权法进一步计算出我国各省域产业结构升级综合指数，确定的三个指标所占权重分别为：合理化指数 32.85%、高度化指数 39.70%、绿色化指数 27.45%，产业结构升级综合指数越大，说明该省域产业结构升级水平越高。最终测算结果如表 6-2 所示（近十年数据），表 6-2 中各省域是按照十年间产业结构综合指数均值由高到低的顺序排列的。可以看出，产业结构升级综合指数在时间和空间上均存在较大差异,但在各省域均逐年递增,说明整体而言,产业结构呈现持续优化升级的态势。另外,排名靠前的省域也大多是经济较发达区域,排名第一的上海与排名最后的江西相比,均值之比高达4,说明产业结构升级水平依然存在区域不均衡现象。

表6-2 各省域产业结构升级综合指数

	2008年	2009年	2010年	2011年	2012年	2013年	2014年	2015年	2016年	2017年	均值	排名
上海	1.048	1.151	1.299	1.402	1.534	1.678	1.828	1.993	2.165	2.336	1.643	1
北京	1.002	1.091	1.210	1.325	1.448	1.568	1.694	1.835	1.961	2.111	1.524	2
天津	0.698	0.747	0.846	0.924	1.009	1.079	1.162	1.262	1.348	1.467	1.054	3
内蒙古	0.707	0.772	0.840	0.915	0.990	1.039	1.084	1.151	1.217	1.287	1.000	4
广东	0.651	0.698	0.774	0.867	0.895	0.963	1.042	1.119	1.207	1.299	0.951	5
浙江	0.554	0.624	0.655	0.718	0.770	0.840	0.903	0.983	1.062	1.145	0.825	6
新疆	0.576	0.635	0.654	0.693	0.765	0.820	0.857	0.914	0.935	0.986	0.784	7
江苏	0.513	0.552	0.592	0.649	0.702	0.751	0.812	0.875	0.934	0.994	0.738	8
辽宁	0.504	0.552	0.595	0.641	0.700	0.762	0.776	0.827	0.890	0.948	0.720	9
山西	0.517	0.570	0.576	0.629	0.674	0.718	0.748	0.789	0.846	0.931	0.700	10
黑龙江	0.524	0.568	0.629	0.650	0.681	0.714	0.741	0.751	0.791	0.839	0.689	11
福建	0.486	0.517	0.564	0.611	0.649	0.696	0.741	0.780	0.838	0.891	0.677	12
吉林	0.491	0.526	0.566	0.631	0.665	0.695	0.722	0.756	0.792	0.845	0.669	13
山东	0.484	0.523	0.554	0.594	0.640	0.680	0.719	0.767	0.807	0.862	0.663	14
云南	0.511	0.529	0.558	0.607	0.625	0.643	0.679	0.703	0.739	0.772	0.636	15
河北	0.440	0.476	0.510	0.553	0.602	0.619	0.651	0.693	0.741	0.789	0.607	16
甘肃	0.474	0.487	0.513	0.551	0.583	0.620	0.651	0.674	0.694	0.751	0.600	17
贵州	0.509	0.523	0.543	0.566	0.602	0.615	0.640	0.655	0.645	0.656	0.595	18
宁夏	0.409	0.427	0.448	0.554	0.605	0.634	0.666	0.692	0.726	0.776	0.594	19
海南	0.438	0.453	0.491	0.531	0.564	0.608	0.628	0.666	0.703	0.746	0.583	20
陕西	0.433	0.456	0.466	0.492	0.509	0.612	0.627	0.658	0.673	0.756	0.568	21
重庆	0.426	0.453	0.504	0.547	0.576	0.581	0.603	0.637	0.662	0.691	0.568	22
青海	0.402	0.441	0.450	0.479	0.508	0.525	0.563	0.581	0.610	0.668	0.523	23
河南	0.405	0.422	0.436	0.459	0.492	0.517	0.542	0.583	0.613	0.654	0.512	24
湖北	0.375	0.398	0.442	0.469	0.506	0.528	0.547	0.573	0.592	0.627	0.506	25

续表

	2008年	2009年	2010年	2011年	2012年	2013年	2014年	2015年	2016年	2017年	均值	排名
广西	0.357	0.390	0.423	0.463	0.491	0.523	0.550	0.571	0.601	0.622	0.499	26
湖南	0.336	0.357	0.397	0.420	0.449	0.477	0.509	0.541	0.588	0.601	0.468	27
四川	0.328	0.345	0.375	0.404	0.432	0.452	0.479	0.506	0.526	0.559	0.441	28
安徽	0.319	0.343	0.362	0.396	0.432	0.449	0.476	0.485	0.506	0.534	0.430	29
江西	0.300	0.317	0.343	0.387	0.420	0.441	0.447	0.466	0.485	0.514	0.412	30

第二节 省域资本深化与技术创新协同对产业结构升级影响的实证检验

一 变量选取及数据处理

(一) 被解释变量

①产业结构合理化水平(IR),用本章第一节中测算的合理化指数表示;②产业结构高度化水平(IH),用本章第一节中测算的高度化指数来衡量;③产业结构绿色化水平(IG),用本章第一节中计算出的产业结构绿色化综合指数度量;④产业结构升级综合指数(IU),利用本章第一节中测算结果。

(二) 核心解释变量

①资本深化(CAP),学术界对资本深化的度量主要有资本劳动比和资本产出比两种方式,而部分研究表明,资本产出比实质是资本生产率的倒数,其波动更多表现为一种周期现象。资本劳动比则更好地刻画资本与劳动相对密集度的变化,以及社会生产函数要素使用结构的变动。为此,选择对资本劳动比的观察,来判断资本深化程度,利用第四章第一节中永续盘存法测算出的各地区资本存量除以各地区年末从业人员数来衡量。

②技术创新水平($TECH$),利用第四章第二节中测算的各地区技术创新水平综合指数表示。

③资本深化与技术创新协同,根据第四章第二节的测算结果,主要

从耦合协调和联动共生两方面选取指标：一是资本深化与技术创新的协调性指标（HAR），采用各省域耦合协调度来表示，该指标旨在强调资本深化与技术创新步调的协调一致性以及二元系统内部产生的互补增进作用对于被解释变量的影响。二是资本深化与技术创新的联动性指标（$CAP*TECH$），用二者的交互项表示。该指标强调的是资本深化与技术创新所产生的共同合力对被解释变量的外溢影响，从经济意义上也表示在固定其中一个变量后另一个变量对被解释变量的影响。

（三）控制变量

①就业人口增长率（EMP），人力资本积累促进劳动力在产业间自由流动、提升劳动者素质、加快技术进步速度，从而促进产业结构合理化发展。参考倪明明[①]的做法，选择就业人口增长率来代表人力资本积累。

②利用外资比重（FDI），外国直接投资在产业间分布是影响产业结构升级的重要因素，借鉴孙海波等[②]的做法，选择外商直接投资占 GDP 的比重来表示。

③金融发展水平（FIN），Bencivenga 等[③]认为金融发展是产业结构调整的重要推动力，完善的金融体系、高效的金融市场、优质的金融服务能促进金融与实体经济协调发展，为产业结构高度化提供重要支撑。借鉴苏建军等[④]的简化处理做法，用各地区金融机构存贷款总额与 GDP 的比值来表示金融发展水平。

④对外开放水平（$OPEN$），中国是世界第一贸易大国，对外开放水平的提升有利于产业吸收整个国际要素和资源，顺应国际产业结构演化规律。参照靳涛等[⑤]的做法，此处利用地区进出口总额与 GDP 之比所

---

① 倪明明：《中国金融结构调整与产业结构优化研究》，博士学位论文，西北大学，2015 年。

② 孙海波、刘忠璐、林秀梅：《人力资本积累、资本深化与中国产业结构升级》，《南京财经大学学报》2018 年第 1 期。

③ Bencivenga V. R., Smith B. D., "Financial Intermediation and Endogenous Growth", *Review of Economic Studies*, No. 2, 1991.

④ 苏建军、徐璋勇：《金融发展、产业结构升级与经济增长——理论与经验研究》，《工业技术经济》2014 年第 2 期。

⑤ 靳涛、陈嘉佳：《转移支付能促进地区产业结构合理化吗——基于中国 1994—2011 年面板数据的检验》，《财经科学》2013 年第 10 期。

代表的进出口贸易情况来测度对外开放水平。

⑤经济发展水平（LGDP），产业结构的优化升级可以促进区域经济的增长，同时也受到地方经济发展目标和发展水平的制约，参照屠年松等[①]的做法，用对数化的人均GDP来衡量省域经济发展水平。

⑥市场化进程（MAR），较高的市场化水平能保证要素、资源在行业、地区之间以较低的成本充分竞争和流动，同时，规范的市场秩序能有效降低经济活动的交易成本[②]，进而影响产业结构向合理化和高度化发展。市场化进程突出表现在国有制比重下降而非国有制比重上升，故选择非国有企业固定资产投资占固定资产投资总额的比重作为市场化进程的代理变量。

⑦政府支出水平（GOV），政府可以利用财政政策、金融政策和产业政策等多种政策工具引导产业向高技术、高附加值转变，而政府对产业结构高度化的这种干预程度可以从政府支出来体现，借鉴孙海波等[③]的处理方法，采用地区政府财政支出占GDP的比例来衡量政府支出水平。

⑧城镇化进程（URB），与低质量的城镇化相伴随的是城镇空间的扩张、人口密度的增大和土地的过度开发，与绿色发展理念相背离，故在考察产业结构绿色化影响时，将城镇化进程因素纳入进来，采用王定祥[④]的做法，用各地区城镇人口占总人口的比重作为城镇化进程的代理变量。由于部分省份统计年鉴中没有公布城镇与非城镇人口，只有农业与非农人口，故这些省份的城镇化进程将采用非农人口占总人口的比重代替。

---

① 屠年松、李彦：《创新驱动产业转型升级研究——基于2002—2013年省际面板数据》，《科技进步与对策》2015年第24期。
② 孙早、席建成：《中国式产业政策的实施效果：产业升级还是短期经济增长》，《中国工业经济》2015年第7期。
③ 孙海波、刘忠璐、林秀梅：《人力资本积累、资本深化与中国产业结构升级》，《南京财经大学学报》2018年第1期。
④ 王定祥、李伶俐、吴代红：《金融资本深化、技术进步与产业结构升级》，《西南大学学报》（社会科学版）2017年第1期。

(四) 变量的平稳性检验

在确立了各变量的测度指标之后，对各指标进行平稳性检验，最常见的是采用面板数据单位根检验的方法，包括相同根单位根检验 LLC (Levin – Lin – Chu) 与不同根单位根检验 Fisher – ADF 结合的方式，面板数据平稳的条件是这两种检验均拒绝存在单位根的原假设。利用 stata 软件进行平稳性检验的结果如表 6 – 3 所示，由结果可知所有选取的变量均是平稳的。

表 6 – 3　　　　　　　　　　平稳性检验

指标含义	指标符号	LLC 检验值	prob	Fisher – ADF 检验值	prob
产业结构合理化水平	IR	– 15.449	0.000	115.411	0.000
产业结构高度化水平	IH	– 7.782	0.000	148.283	0.000
产业结构绿色化水平	IG	– 11.931	0.000	152.732	0.000
产业结构升级综合指数	IU	– 3.899	0.000	85.473	0.017
资本深化	CAP	– 22.601	0.000	129.508	0.000
技术创新水平	TECH	– 17.732	0.000	176.000	0.000
资本深化与技术创新协调性	HAR	– 6.830	0.007	109.049	0.000
资本深化与技术创新联动性	CAP * TECH	– 6.396	0.000	97.013	0.000
就业人口增长率	EMP	– 12.008	0.000	115.306	0.000
利用外资比重	FDI	– 7.792	0.002	128.0538	0.000
金融发展水平	FIN	– 10.696	0.000	102.179	0.000
对外开放水平	OPEN	– 9.007	0.000	181.183	0.000
经济发展水平	LGDP	– 6.829	0.000	– 12.928	0.000
市场化进程	MAR	– 10.567	0.000	98.376	0.000
政府支出水平	GOV	– 13.009	0.000	172.7314	0.000
城镇化进程	URB	– 13.102	0.000	173.4022	0.000

(五) 数据来源及描述性统计

本书选取 2008—2017 年 30 个省级行政区域的面板数据作为研究对象，这里时间区间选择 10 年，是考虑到系统 GMM 在 "大 N 小 T" 的面板数据估计中效率更高。另外,受到官方数据公布的限制,将西藏自治区的数据剔除。以上数据来自《中国统计年鉴》《中国环境统计年鉴》《中国能源统计年鉴》、各省历年统计年鉴以及 WIND 数据库,主要变量的描述性统计如表 6-4 所示。

表 6-4　　　　　　　　　主要变量的描述性统计

变量	观察值	均值	标准差	最小值	最大值
IR	300	0.243	0.148	0.016	0.772
IH	300	1.142	0.852	0.240	5.428
IG	300	0.629	0.060	0.433	0.794
IU	300	0.706	0.322	0.300	2.336
CAP	300	18.283	11.605	2.803	61.387
TECH	300	0.207	0.132	0.101	0.820
CAP * TECH	300	4.235	4.738	0.303	38.511
HAR	300	0.510	0.113	0.322	0.865
EMP	300	0.018	0.030	-0.246	0.201
FDI	300	0.004	0.003	0.000	0.014
FIN	300	2.826	1.108	1.288	8.131
OPEN	300	0.048	0.057	0.005	0.244
LGDP	300	3.680	2.167	0.579	10.796
MAR	300	0.660	0.143	0.263	0.950
GOV	300	0.225	0.096	0.087	0.627
URB	300	53.537	13.560	28.240	89.600

二　动态面板模型的设定

基于第三章中资本深化、技术创新对产业结构升级的机理分析,资本深化的不足和过度都不利于产业结构的合理化和绿色化发展,故在本章模型的解释变量中,资本深化对产业结构合理化及绿色化的影响可能分别存在倒"U"形的曲线效应,在合理化、绿色化和产业结构升级综合指数模型中将加入资本深化变量的平方项以检验其非线性作用。同时,考虑到产业结构升级自身也可能会存在滞后性,上一期产业结构水平可能会对当期产业结构升级产生影响,引入被解释变量的滞后一期

IR（-1）、IH（-1）、IG（-1）和 IU（-1），建立动态面板模型。另外，部分解释变量与被解释变量可能存在双向因果关系，即存在内生性问题，比如一个地区的经济发展水平会影响该地区产业结构升级，反过来一个地区的产业结构也会影响该地区的经济发展水平。此时，如果采用传统的组内面板回归，得出的结果是有偏的。为了得到一致无偏的估计结果，一般采用工具变量法（Instrumental Variable Method）和广义矩估计法（Generalized Method of Moments，GMM），但鉴于工具变量选取较为困难，容易影响模型的稳健性，故采用动态面板 GMM 估计来检验资本深化、技术创新协同对产业结构升级的影响。

面板 GMM 估计主要包括差分广义矩估计（DIF-GMM）和系统广义矩估计（SYS-GMM）两种。Arellano and Bond[①] 提出的差分 GMM（DIF-GMM）在解决内生性问题的同时易出现弱工具变量问题，导致有限样本偏误，影响结果的有效性。而 Arellano and Bover[②] 和 Blundell and Bond[③] 提出的系统 GMM（SYS-GMM）在一阶差分矩条件的基础上加入水平矩条件，在提高估计效率的同时提高了估计的有效性。另外，两阶段 GMM 可以显著减小一阶段 GMM 未考虑异方差时所带来的严重偏误，鉴于此，采用两阶段系统 GMM 估计方法对动态面板模型进行估计，根据产业结构合理化、高度化、绿色化以及产业结构升级综合指数四个被解释变量，建立分别包含资本深化、技术创新联动性与协调性指标的共计 8 个模型。

（一）合理化模型

模型 A：

$$IR_{it} = \beta_0 IR_{i(t-1)} + \beta_1 CAP_{it} + \beta_2 CAP_{it}^2 + \beta_3 TECH_{it} + \beta_4 HAR_{it} + \beta_5 LGDP_{it} + \beta_6 EMP_{it} + \beta_7 FDI_{it} + \beta_8 OPEN_{it} + \beta_9 MAR_{it} + \lambda_i + \varepsilon_{it}$$

$$(6-4)$$

[①] Arellano M and Bond S., "Some Tests of Specification for Panel Data: Monte Carlo Evidence and an Application to Employment Equations", *Review of Economic Studies*, Vol. 58, No. 2, 1991.

[②] Arellano M. and Bover O., "Another Look at the Instrumental Variable Estimation of Error-Components Models", *Journal of Econometrics*, 1995.

[③] Blundell R and Bond S., "Initial Conditions and Moment Restrictions in Dynamic Panel Data Models", *Journal of econometrics*, Vol. 87, No. 1, 1998.

模型 B：
$$IR_{it} = \beta_0 IR_{i(t-1)} + \beta_1 CAP_{it} + \beta_2 CAP_{it}^2 + \beta_3 TECH_{it} + \beta_4 CAP_{it} * TECH_{it}$$
$$+ \beta_5 LGDP_{it} + \beta_6 EMP_{it} + \beta_7 FDI_{it} + \beta_8 OPEN_{it} + \beta_9 MAR_{it} + \lambda_i + \varepsilon_{it}$$
$$(6-5)$$

（二）高度化模型

模型 C：
$$IH_{it} = \beta_0 IH_{i(t-1)} + \beta_1 CAP_{it} + \beta_2 TECH_{it} + \beta_3 HAR_{it} + \beta_4 LGDP_{it}$$
$$+ \beta_5 FDI_{it} + \beta_6 OPEN_{it} + \beta_7 FIN_{it} + \beta_8 MAR_{it} + \beta_9 GOV_{it} + \lambda_i + \varepsilon_{it}$$
$$(6-6)$$

模型 D：
$$IH_{it} = \beta_0 IH_{i(t-1)} + \beta_1 CAP_{it} + \beta_2 TECH_{it} + \beta_3 CAP_{it} * TECH_{it}$$
$$+ \beta_4 LGDP_{it} + \beta_5 FDI_{it} + \beta_6 OPEN_{it} + \beta_7 FIN_{it}$$
$$+ \beta_8 MAR_{it} + \beta_9 GOV_{it} + \lambda_i + \varepsilon_{it} \quad (6-7)$$

（三）绿色化模型

模型 E：
$$IG_{it} = \beta_0 IG_{i(t-1)} + \beta_1 CAP_{it} + \beta_2 CAP_{it}^2 + \beta_3 TECH_{it} + \beta_4 HAR_{it}$$
$$+ \beta_5 LGDP_{it} + \beta_6 FDI_{it} + \beta_7 OPEN_{it} + \beta_8 URB_{it} + \lambda_i + \varepsilon_{it} \quad (6-8)$$

模型 F：
$$IG_{it} = \beta_0 IG_{i(t-1)} + \beta_1 CAP_{it} + \beta_2 CAP_{it}^2 + \beta_3 TECH_{it}$$
$$+ \beta_4 CAP_{it} * TECH_{it} + \beta_5 LGDP_{it} + \beta_6 FDI_{it}$$
$$+ \beta_7 OPEN_{it} + \beta_8 URB_{it} + \lambda_i + \varepsilon_{it} \quad (6-9)$$

（四）产业结构升级综合指数模型

模型 G：
$$IU_{it} = \beta_0 IU_{i(t-1)} + \beta_1 CAP_{it} + \beta_2 CAP_{it}^2 + \beta_3 TECH_{it} + \beta_4 HAR_{it}$$
$$+ \beta_5 LGDP_{it} + \beta_6 EMP_{it} + \beta_7 FDI_{it} + \beta_8 OPEN_{it} + \beta_9 FIN_{it}$$
$$+ \beta_{10} MAR_{it} + \beta_{11} GOV_{it} + \beta_{12} URB_{it} + \lambda_i + \varepsilon_{it} \quad (6-10)$$

模型 H：
$$IU_{it} = \beta_0 IU_{i(t-1)} + \beta_1 CAP_{it} + \beta_2 CAP_{it}^2 + \beta_3 TECH_{it}$$
$$+ \beta_4 CAP_{it} * TECH_{it} + \beta_5 LGDP_{it} + \beta_6 EMP_{it} + \beta_7 FDI_{it}$$
$$+ \beta_8 OPEN_{it} + \beta_9 FIN_{it} + \beta_{10} MAR_{it}$$

$$+ \beta_{11} GOV_{it} + \beta_{12} URB_{it} + \lambda_i + \varepsilon_{it} \qquad (6-11)$$

其中，β 为各解释变量的待估系数；$i = 1, 2, 3, \cdots, 30$，分别代表除西藏外的 30 个省级行政区；t 代表年份；λ_i 代表不可观测的地区固定效应；ε_{it} 为随机扰动项。另外，对于诸如资本深化、经济发展水平等可能的内生解释变量，使用其滞后项作为各解释变量的工具变量。

三 合理化模型的 GMM 结果与分析

（一）GMM 结果的有效性

模型 A 与模型 B 的 SYS – GMM 估计回归结果如表 6 – 5 所示。为了进一步检验系统 GMM 估计方法的有效性，主要采用过度识别约束的 Sargan 检验以及一阶差分残差的自相关检验。Sargan 检验是用来识别所选工具变量是否有效的，原假设是模型的过度识别约束是有效的，由表 6 – 5 结果可知，模型 A 和模型 B 都不能拒绝原假设，说明工具变量的选取是恰当的。另外，GMM 估计过程要求一阶差分方程的残差项不能存在二阶序列相关性，可以看出两个模型均是 AR（1）显著而 AR（2）不显著，说明一阶差分残差存在一阶序列相关，但不存在二阶序列相关，可以认为模型设定是合理的。

表 6 – 5　　　　　　合理化模型 GMM 估计结果

变量	模型 A		模型 B	
	系数	T 值	系数	T 值
$IR(-1)$	0.446 **	2.44	0.189 *	1.12
CAP	-0.033 *	-1.31	-0.023	-0.88
CAP^2	0.002 *	0.64	0.006 *	1.43
$TECH$	0.175 **	2.5	0.377 *	1.41
HAR	-0.340 *	-1.57		
$CAP * TECH$			-0.011 *	-1.94
EMP	-0.111 *	-1.68	-0.516 ***	-4.73
FDI	4.575	0.93	16.45 ***	3.55
$OPEN$	-0.193	-0.7	-0.512 *	-1.6

续表

变量	模型 A		模型 B	
	系数	T 值	系数	T 值
LGDP	-0.004	-0.36	-0.001	-0.09
MAR	0.069	0.86	-0.04	-0.5
Sargan 检验	21.5（0.488）		25.4（0.278）	
AR（1）	-1.93（0.053）		-1.23（0.021）	
AR（2）	0.12（0.903）		0.67（0.789）	

注：AR（1）、AR（2）和 Sargan 给出的是统计量及对应的 P 值；***、**、* 分别表示在 1%、5%、10% 水平上显著。

（二）模型稳健性检验

在获得回归结果后，利用 LLC（Levin - Lin - Chu）、Breitung 和 IPS（Im - Pesaran - Shin）单位根检验法对合理化模型的面板残差进行平稳性检验，来确定估计结果的稳健性。由表6-6的检验结果可以看出，模型 A 和模型 B 的面板残差项在1%显著性水平下平稳，由此认为模型的估计是较为稳健的。

表6-6　　　　　合理化模型面板残差的平稳性检验

检验方式	模型 A		模型 B	
	检验值	prob	检验值	prob
LLC	-4.246	0.000	-1.4467	0.007
Breitung	7.3946	0.000	3.4925	0.000
IPS	1.525	0.009	1.2216	0.008

（三）回归结果分析

根据合理化模型的回归结果，可以做出以下分析。

第一，模型 A 和模型 B 中资本深化的一次项系数均显著为负，二次项系数显著为正，合理化指数越小意味着合理化水平越高，说明资本深化程度对产业结构合理化水平的影响表现出倒"U"形曲线效应。目前我国资本深化水平处于倒"U"形曲线的左侧，即随着资本深化程度的加深，能促进产业的合理布局，对产业结构合理化水平有促进的作用。但是也应该看到，资本深化推动产业结构合理化水平的力量是随时间的推进而逐渐弱化，资本的过度深化，也即资本对劳动的过度替代，反而会对产业结构合理化发展产生不利的影响，这也验证了第三章中的论述。

第二，从技术创新变量的系数和显著性来看，技术创新水平的提升未能很好地促进产业结构合理化发展，但是资本深化与技术创新的耦合协调度及联动性指标的系数均显著为负，说明二者的协调联动能显著推动产业结构合理化，也从侧面证明了模型的稳健性。一方面，资本与技术二元系统内部各要素互补融合，产生一种协同增进机制，对产业结构合理化产生积极的助推作用；另一方面，资本深化与技术创新步调一致所产生的合力对产业结构间和谐匹配、协调发展产生了正向的外溢影响。二者协调联动与单纯技术创新指标的作用方向相反，来自市场的强烈投资诉求为技术创新提供了动力和契机，产业内部会有很大的自由度去配置资源，遴选投资收益高、技术先进的项目，而技术创新所引致的技术进步又反过来影响着资本深化的进度，技术创新和资本深化间形成互相推动的完善机制，协调联动将两个系统连通，通过"导管"作用，疏导了系统间错综复杂的关系，在"抑制"与"促进"之间找到资本与技术的平衡，缓解了我国技术创新不足与资本深化过度的局面，推动了技术的进步从而促进产业结构合理化发展。

第三，从控制变量上来看，模型 A 和模型 B 的影响结果基本稳定，经济发展水平与产业结构合理化指数负相关但不显著，经济发达地区的产业结构合理化水平更高在我国省域间表现并不明显；就业人口增长率及对外开放水平越高，产业结构合理化水平也越高；但是，利用外资比重越高，产业结构合理化水平反而更低，主要归因于外商在产业间的投资不均衡，如承接的国际产业转移项目多集中于第二产业，从长期来看必然抑制产业的合理化发展；市场化水平与产业结构合理化水平也并未出现预想的正相关结果，原因在于我国绝大部分区域市场化程度普遍不高，未能很好地保证要素、资源的充分竞争和流动。另外，从被解释变量滞后一期系数来看，产业结构合理化水平会受到上一期合理化水平的正向影响，表明我国产业结构合理化发展具有明显的"传递"和"加强"效应，前期良好的产业结构合理化升级效果会在后期的产业结构变动中得到巩固，形成良性循环。

四 高度化模型的 GMM 结果与分析

模型 C 与模型 D 的 SYS – GMM 估计回归结果如表 6 – 7 所示，过度识别约束的 Sargan 检验以及一阶差分残差的自相关检验均说明 GMM 模型是有效的。另外，面板残差项均在 1% 显著性水平下平稳，可以说明模型是稳健的。

表 6 – 7　　　　　　　　高度化模型 GMM 估计结果

变量	模型 C		模型 D	
	系数	T 值	系数	T 值
IH (−1)	1.108***	22.09	1.064***	15.3
CAP	0.018*	−1.91	0.010	1.12
TECH	−0.536*	−1.5	−1.7*	−1.58
HAR	0.169	0.6		
CAP * TECH			0.037*	1.57
LGDP	0.03	1.01	0.196*	1.44
FDI	−1.98	−0.52	12.460	0.41
OPEN	0.97*	1.46	1.461	1.02
FIN	0.057***	2.93	0.125***	3
MAR	0.016	0.29	−0.276	−1.3
GOV	−0.402	−1.29	−0.652	−1.26
Sargan 检验	44.1 (0.307)		15.04 (0.207)	
AR (1)	−0.93 (0.035)		0.09 (0.093)	
AR (2)	0.68 (0.497)		0.76 (0.445)	

注：***、**、* 分别代表 1%、5%、10% 的显著性水平。

根据高度化模型的回归结果，可以做出以下分析。

第一，资本深化对于产业结构高度化升级的影响系数在模型 C 中为

0.018，且在 10% 的显著性水平下通过检验，在模型 D 中为 0.01，但未通过显著性检验，说明资本深化在一定程度上能推动产业结构高度化升级，但在我国省域间这一推动效果表现得并不明显。这一结果可从两个方面来解释：一是在第三章中提及的随着社会资本深化程度加大，工业产品的相对过剩导致价格下滑，制造业部门的部分资本转而流向服务业，从而促使产业结构高度化演进；二是资本深化如果只是停留在低端技术产业层面，对产业结构高度化水平就未必能产生积极的影响，且当产业结构与需求结构难以匹配时，还易出现低水平的结构性过剩。

第二，单独的技术创新变量在两个模型中的系数均显著为负，未能对产业结构高度化升级产生积极的影响，与预期的结果不一致，这可能与选取各产业部门劳动生产率的加权平均数作为衡量产业结构高度化指标有关。在传统优先发展重化工业的战略引导下，全国绝大部分地区第二产业基础更好，而第三产业技术含量还相对较低，技术创新主要带动了各省域第二产业的生产率及其产出的增长，对于在产业部门中占比越来越大的第三产业而言，其劳动生产率的提升效果不明显，因此，要加大第三产业和新兴产业的扶持力度，弥补其技术投入与创新不足的短板。另外，资本深化与技术创新的协调联动性变量对产业结构高度化的系数均为正，且在模型 D 中通过了 10% 的显著性检验，说明资本深化与技术创新对技术进步所产生的协同效应有利于产业结构向高层次转化，与预期一致。

第三，在控制变量方面，经济发展水平、对外开放程度变量与产业结构高度化水平正相关但两个模型显著性不同；金融发展水平与产业结构高度化水平在 1% 水平下显著正相关，金融服务于实体经济形成的强大需求对产业结构高度化升级产生了积极的影响；利用外资比重、市场化程度以及政府支出未能对产业结构高度化水平产生正向的助推作用，原因与上一小节类似，不再赘述；另外，产业结构高度化与其滞后一期是显著正相关的，这表明产业结构高度化升级过程存在明显的路径依赖，在产业结构向更高层次升级的过程中，前一期产业结构的构成会存在部分保留。

五 绿色化模型的 GMM 结果与分析

模型 E 与模型 F 的 SYS-GMM 估计回归结果如表 6-8 所示，两个模型都通过了过度识别约束的 Sargan 检验以及一阶差分残差的自相关检验，说明 GMM 模型是有效的。另外，面板残差项通过了平稳检验，可以说明模型是稳健的。

表 6-8　　　　　　　　绿色化模型 GMM 估计结果

变量	模型 E		模型 F	
	系数	T 值	系数	T 值
$IG(-1)$	-3.568***	-2.95	-1.170***	-5.08
CAP	0.065	0.27	0.082*	1.06
CAP^2	-0.003*	-1.83	-0.002**	-1.94
$TECH$	1.199	0.75	-0.653*	-1.09
HAR	3.324*	1.62		
$CAP*TECH$			0.004	0.27
FDI	23.843	0.66	15.921*	1.57
$OPEN$	-6.871**	-2.11	-0.111	-0.21
$LGDP$	0.261*	1.39	0.058**	2.23
URB	-0.069**	-1.93	0.012*	1.67
Sargan 检验	4.41 (0.732)		3.75 (0.809)	
AR (1)	1.99 (0.047)		1.69 (0.091)	
AR (2)	2.05 (0.400)		-1.35 (0.178)	

注：***、**、*分别代表 1%、5%、10% 的显著性水平。

根据绿色化模型的回归结果，可以做出以下分析。

第一，模型 E 和模型 F 中资本深化的一次项系数均为正，二次项系数均为负且通过了显著性检验，说明资本深化程度与产业结构绿色化水平呈现出倒 "U" 形曲线关系。目前我国资本深化水平处于倒 "U" 形曲线的左侧，即在资本适度深化的进程中，为产业内清洁生产、污染治理提供了必要的物质保障，故对产业结构绿色化水平有促进的作用，但是随着资本深化程度的逐渐加深，这种促进作用在逐渐减弱，依靠投资拉动的经济增长方式难以持续，随之可能引发能源的过度消耗及环境的破坏等一系列问题。此时，过度的资本深化将阻碍产业结构向绿色化转型，这也验证了第三章中的论述。

第二，技术创新变量本身与产业结构绿色化水平并未表现出明显的正相关，在模型 F 中甚至为负相关，但是资本深化与技术创新的耦合协调度变量系数显著为正，说明二者的协调融合可以发挥节约能源、提升能源利用效率以及减少污染排放的作用，促进产业绿色化发展，这得益于二者对促进技术进步的影响。然而，这种积极的影响在资本深化与技术创新的联动性变量上表现得并不显著，可能因为我国省域资本深化与技术创新的合力没有充分发挥在绿色技术创新方面。但从另一角度来看，模型 F 中二者的联动性变量与技术创新变量系数符号相反，说明二者的联动能降低技术创新对产业结构绿色化的抑制效果，在一定程度上也发挥了推动产业结构绿色化升级的积极作用。

第三，从控制变量的系数和显著性上来看，经济发展水平系数显著为正，说明经济发达程度越高的地区产业结构绿色化水平也相对更高；利用外资比重系数为正，但只在模型 F 中通过了显著性检验，说明外商投资在一定程度上发挥了绿色导向作用；对外开放水平在模型 E 中系数显著为负，在模型 F 中为负但并不显著，表明我国省域进出口贸易可能忽视了清洁环保问题，对产业结构绿色化升级造成了不利影响；城镇化水平的系数符号在模型 E 和模型 F 中表现不稳定，当前我国省域城镇化水平未能发挥促进产业结构绿色化升级的作用，政府应当积极推进城镇化动力转换，改变粗放式的城市发展模式，引导以高新技术、低碳环保、现代服务业等绿色发展为主要标志的城镇化新动力；另外，产业结构绿色化滞后一期的系数显著为负，说明产业结构绿色化受到前一期的负向影响，前一期表现较差的有足够的动力去追赶，在后一期反而表现更好。

六　产业结构升级综合指数模型的 GMM 结果与分析

用同样的方法检验模型 G 与模型 H，根据 SYS－GMM 估计回归结果（见表6-9），Sargan 检验及一阶差分残差的自相关检验均说明 GMM 模型是有效的，且面板残差项均在1%显著性水平下平稳。

表6-9　　　　　产业结构综合指数模型 GMM 估计结果

变量	模型 G		模型 H	
	系数	T 值	系数	T 值
IU（-1）	1.09***	9.79	1.061***	8.43
CAP	-0.059***	-2.7	-0.049	-1.38
CAP²	-0.001***	-2.64	-0.001*	-1.85
TECH	0.240	0.8	0.374	1.05
HAR	0.301*	1.77		
CAP*TECH			0.022***	2.65
LGDP	0.004	0.08	0.006	0.09
EMP	-0.22***	-2.75	-0.261**	-2.21
FDI	0.163	0.05	3.370	0.56
OPEN	0.040	0.15	0.436	1.02
FIN	0.026*	1.8	0.041**	2.31
MAR	0.139*	1.89	0.215**	2.53
GOV	-0.0565***	-2.75	-0.865***	-3.27
URB	-0.003	-0.63	0.003	0.55
Sargan 检验	53.05（0.491）		32.36（0.287）	
AR（1）	-2.33（0.02）		-0.34（0.051）	
AR（2）	0.93（0.353）		1.95（0.731）	

注：***、**、*分别代表1%、5%、10%的显著性水平。

从回归结果可知，资本深化二次项系数显著为负，说明资本深化与产业结构升级确实存在倒"U"形曲线关系，即资本的适度深化能促进产业结构升级，但当资本深化程度超过某一峰值时，持续的深化反而会对产业结构升级造成负面影响。技术创新变量系数为正，但未通过显著性检验，表明其对产业结构升级未发挥显著的促进作用。但与此同时，资本深化与技术创新的协调性和联动性指标系数均显著为正，说明资本深化与技术创新的协同效应对产业结构升级带来了显著的"溢出红利"，改善了单纯依靠技术创新时动力不足的缺憾，与预期一致。控制变量方面，经济发展水平未能达到预期中显著推动产业结构升级的效果；就业人口增长率和政府支出与产业结构升级高度负相关；利用外资和对外开放水平系数为正但均不显著；市场化程度越高，产业结构升级水平也越高；市场化进程的作用效果不稳定；被解释变量滞后一期系数显著为正，说明当期产业结构升级水平会受到上一期产业结构升级水平的正向影响。

第三节 东、中、西部地区间的对比与分析

受自然禀赋与历史原因影响，我国各省域经济结构形态呈现出不同的特征，这种差异必然会波及资本深化、技术创新以及产业结构等宏观变量，这些变量在统计数值、相互间的作用机制、相互影响的方向和大小上都有可能表现出显著差异。基于此，按照东、中、西部三大区域对各省域进行划分[①]，对上述回归模型进行区域间的对比分析就有着重要的经济意义。

由于东、中、西部地区面板数据样本较少，适用于大N小T情形的GMM估计此时可能会产生严重偏误，故在考察资本深化与技术创新对产业结构升级影响的区域差异时，拟采用静态面板数据模型，模型中不再设资本深化的平方项，构造相关模型如下（各符号含义与上一节相同）。

（1）合理化模型。

模型 I：

$$IR_{it} = \beta_0 + \beta_1 CAP_{it} + \beta_2 TECH_{it} + \beta_3 HAR_{it} + \beta_4 LGDP_{it} + \beta_5 EMP_{it} \\ + \beta_6 FDI_{it} + \beta_7 OPEN_{it} + \beta_8 MAR_{it} + \lambda_i + \varepsilon_{it} \quad (6-12)$$

模型 J：

---

① 东部地区包括辽宁、河北、天津、北京、山东、江苏、上海、浙江、福建、广东和海南；中部地区包括黑龙江、吉林、山西、安徽、江西、河南、湖北和湖南；西部地区包括内蒙古、陕西、甘肃、宁夏、青海、新疆、四川、云南、贵州、重庆和广西。

$$IR_{it} = \beta_0 + \beta_1 CAP_{it} + \beta_2 TECH_{it} + \beta_3 CAP_{it} * TECH_{it} + \beta_4 LGDP_{it}$$
$$+ \beta_5 EMP_{it} + \beta_6 FDI_{it} + \beta_7 OPEN_{it} + \beta_8 MAR_{it} + \lambda_i + \varepsilon_{it}$$
(6 – 13)

(2) 高度化模型。

模型 K：

$$IH_{it} = \beta_0 + \beta_1 CAP_{it} + \beta_2 TECH_{it} + \beta_3 HAR_{it} + \beta_4 LGDP_{it} + \beta_5 FDI_{it}$$
$$+ \beta_6 OPEN_{it} + \beta_7 FIN_{it} + \beta_8 MAR_{it} + \beta_9 GOV_{it} + \lambda_i + \varepsilon_{it}$$
(6 – 14)

模型 L：

$$IH_{it} = \beta_0 + \beta_1 CAP_{it} + \beta_2 TECH_{it} + \beta_3 CAP_{it} * TECH_{it} + \beta_4 LGDP_{it}$$
$$+ \beta_5 FDI_{it} + \beta_6 OPEN_{it} + \beta_7 FIN_{it} + \beta_8 MAR_{it} + \beta_9 GOV_{it} + \lambda_i + \varepsilon_{it}$$
(6 – 15)

(3) 绿色化模型。

模型 M：

$$IG_{it} = \beta_0 + \beta_1 CAP_{it} + \beta_2 TECH_{it} + \beta_3 HAR_{it} + \beta_4 LGDP_{it} + \beta_5 FDI_{it}$$
$$+ \beta_6 OPEN_{it} + \beta_7 URB_{it} + \lambda_i + \varepsilon_{it} \quad (6 – 16)$$

模型 N：

$$IG_{it} = \beta_0 + \beta_1 CAP_{it} + \beta_2 TECH_{it} + \beta_3 CAP_{it} * TECH_{it} + \beta_4 LGDP_{it}$$
$$+ \beta_5 FDI_{it} + \beta_6 OPEN_{it} + \beta_7 URB_{it} + \lambda_i + \varepsilon_{it} \quad (6 – 17)$$

(4) 产业结构升级综合指数模型。

模型 O：

$$IU_{it} = \beta_0 + \beta_1 CAP_{it} + \beta_2 TECH_{it} + \beta_3 HAR_{it} + \beta_4 LGDP_{it} + \beta_5 EMP_{it}$$
$$+ \beta_6 FDI_{it} + \beta_7 OPEN_{it} + \beta_8 FIN_{it} + \beta_9 MAR_{it}$$
$$+ \beta_{10} GOV_{it} + \beta_{11} URB_{it} + \lambda_i + \varepsilon_{it} \quad (6 – 18)$$

模型 P：

$$IU_{it} = \beta_0 + \beta_1 CAP_{it} + \beta_2 TECH_{it} + \beta_3 CAP_{it} * TECH_{it} + \beta_4 LGDP_{it}$$
$$+ \beta_5 EMP_{it} + \beta_6 FDI_{it} + \beta_7 OPEN_{it} + \beta_8 FIN_{it} + \beta_9 MAR_{it}$$
$$+ \beta_{10} GOV_{it} + \beta_{11} URB_{it} + \lambda_i + \varepsilon_{it} \quad (6 – 19)$$

为检验面板数据的平稳性，同样采用 LLC 与 Fisher – ADF 结合的单位根检验方式，各变量在进行了一阶差分后均通过了单位根检验，说明各变量是一阶平稳的，变量之间可能存在长期均衡关系，还需进行进一步的协整检验。

在得到回归结果后，采用前述单位根检验法对残差项的平稳性进行检验，结果显示所有模型的残差项都不含有单位根，也即变量间存在协整关系，在长期内存在稳定的均衡，不会出现伪回归问题，因此，表6-10至表6-13可以解释资本深化、技术创新协同对产业结构升级影响的区域差异。

表6-10　　　　　　　　　分区域合理化模型回归结果

变量	东部地区		中部地区		西部地区	
	模型I	模型J	模型I	模型J	模型I	模型J
CAP	-0.001	-0.002***	-0.005***	-0.005*	-0.002*	-0.005*
	(-0.33)	(-3.55)	(-5.75)	(-1.54)	(-1.87)	(-1.48)
TECH	0.022*	-0.12***	0.080	0.069	0.590	-0.455
	(1.08)	(-3.40)	(0.26)	(0.19)	(0.96)	(-0.34)
HAR	-0.019		-0.631*		1.419***	
	(-0.44)		(1.91)		(4.61)	
CAP*TECH		-0.003***		0.010		0.042*
		(4.38)		(0.67)		(1.65)
LGDP	-0.064***	-0.039***	0.045	0.047*	-0.121***	-0.072*
	(-6.28)	(-3.81)	(1.26)	(1.48)	(-4.3)	(-1.84)
EMP	-0.012	-0.048	-0.090	0.897**	-0.057	-0.227*
	(-0.24)	(-1.11)	(-0.21)	(2.25)	(-0.38)	(-1.36)
FDI	2.745***	2.765***	-16.836*	-32.481***	5.777	10.678**
	(3.34)	(3.68)	(-1.86)	(-8.7)	(1.22)	(2.05)
OPEN	-0.152**	-0.048	-1.898	-0.114	-2.139**	-2.244**
	(-1.94)	(-0.59)	(-1.60)	(-0.14)	(-2.28)	(-2.16)
MAR	0.020	0.033	-0.173**	-0.099*	-0.007	0.033
	(0.67)	(1.28)	(-2.39)	(-1.79)	(-0.08)	(0.36)
CONS	0.798***	0.539***	-0.229	-0.026	0.962***	1.174***
	(8.43)	(5.58)	(-0.83)	(-0.09)	(3.71)	(4.14)

续表

变量	东部地区		中部地区		西部地区	
	模型 I	模型 J	模型 I	模型 J	模型 I	模型 J
N	110	110	80	80	110	110
R^2	0.762	0.806	0.737	0.626	0.428	0.598
F 值	29.52***	47.16***	14.58**	13.39***	8.5***	5.23***
Hausman 检验	13.13	15.74**	16.96**	25.23***	46.54***	27.77***
估计模型	随机	固定	固定	固定	固定	固定

注：***、**、* 分别代表 1%、5%、10% 的显著性水平。括号中数值为 T 统计量。

表 6-11　　　　　　　分区域高度化模型回归结果

变量	东部地区		中部地区		西部地区	
	模型 K	模型 L	模型 K	模型 L	模型 K	模型 L
CAP	0.023*** (4.29)	0.019 (0.21)	0.029*** (10.18)	0.023*** (4.06)	0.021*** (12.97)	0.027*** (4.61)
TECH	2.5*** (7.34)	1.209* (1.63)	0.091 (0.17)	-0.643 (-0.72)	1.092 (1.34)	3.011* (1.49)
HAR	5.471*** (7.05)		2.036*** (3.09)		-2.975*** (-7.76)	
CAP * TECH		0.013* (1.74)		0.024* 1.65		-0.08** (-2.14)
LGDP	0.434** (2.28)	-0.009 (-0.04)	0.164*** (2.65)	0.089 (1.1)	0.281*** (6.17)	0.183*** (2.67)
FDI	44.857*** (3.45)	43.111*** (2.66)	16.519 (1.22)	38.432*** (2.84)	-0.784 (-0.14)	-9.277 (-1.29)
OPEN	-1.84 (-1.33)	-2.286 (-1.32)	-1.682 (-0.95)	-2.042 (-1.05)	-4.676*** (-4.00)	-4.378*** (-2.96)
FIN	0.37*** (4.99)	0.567*** (6.62)	-0.051 (-0.88)	0.02 (0.33)	-0.006 (-0.16)	0.019 (0.4)
MAR	1.37*** (2.89)	2.274*** (3.92)	0.534*** (4.54)	0.473*** (3.64)	-0.048 (-0.4)	-0.162 (-1.07)

续表

变量	东部地区		中部地区		西部地区	
	模型 K	模型 L	模型 K	模型 L	模型 K	模型 L
GOV	-1.467	0.719**	1.541**	0.71	0.147	0.082
	(-0.84)	(0.34)	(2.08)	(0.9)	(0.5)	(0.22)
CONS	-3.028*	-2.404	-0.919*	-0.96	-1.138***	-1.615***
	(-1.8)	(-1.07)	(-1.68)	(1.39)	(-3.06)	(-3.4)
N	110	110	80	80	110	110
R^2	0.912	0.8643	0.9715	0.9652	0.9477	0.917
F 值	28.87***	22.7***	75.2***	82.96***	71.24***	51***
Hausman 检验	18.95**	57.25***	62.52***	63.15***	18.57***	55.47***
估计模型	固定	固定	固定	固定	固定	固定

注：***、**、* 分别代表 1%、5%、10% 的显著性水平。括号中数值为 T 统计量。

表 6–12　　分区域绿色化模型回归结果

变量	东部地区		中部地区		西部地区	
	模型 M	模型 N	模型 M	模型 N	模型 M	模型 N
CAP	-0.001**	-0.001*	-0.002**	0.001	0.002***	0.005***
	(-2.16)	(-1.54)	(-2.33)	(0.4)	(3.41)	(3.66)
TECH	-0.044	-0.033	-0.811**	-0.018	-0.305	0.582
	(-1.07)	(-0.43)	(-2.6)	(-0.04)	(-1.04)	(1.43)
HAR	0.214**		0.428*		-0.286**	
	(2.54)		(1.34)		(-2.01)	
CAP*TECH		0.001		-0.017		-0.024***
		(0.57)		(-1.19)		(-2.88)
LGDP	0.097***	0.102***	0.054*	0.046	0.231***	0.173***
	(4.35)	(3.88)	(1.66)	(1.21)	(7.65)	(7.44)
FDI	1.437	1.446	2.409	-4.602	6.517***	6.146***
	(0.87)	(0.85)	(0.27)	(-0.57)	(3.16)	(3.07)
OPEN	-0.258*	-0.222*	0.969	0.992	-1.017**	-0.624
	(-1.6)	(-1.34)	(0.93)	(0.95)	(-2.44)	(-1.55)
URB	-0.001	-0.001	0.011***	0.011***	-0.012***	-0.009***
	(0.87)	(-0.68)	(4.18)	(4.12)	(-3.59)	(-3.62)

续表

变量	东部地区		中部地区		西部地区	
	模型 M	模型 N	模型 M	模型 N	模型 M	模型 N
CONS	-0.384*	-0.359*	-0.519**	-0.346	-1.051***	-0.879***
	(-1.6)	(-1.54)	(-2.07)	(-1.12)	(-6.24)	(-6.04)
N	110	110	80	80	110	110
R^2	0.4027	0.3532	0.6765	0.6747	0.8325	0.8339
F 值	5.94***	4.92***	19.42***	19.26***	65.33***	45.98***
Hausman 检验	7.2	7.11	39.66***	29.57***	23.1***	9.22
估计模型	随机	随机	固定	固定	固定	随机

注：***、**、* 分别代表 1%、5%、10% 的显著性水平。括号中数值为 T 统计量。

表6-13　分区域产业结构升级综合指数模型回归结果

变量	东部地区		中部地区		西部地区	
	模型 O	模型 P	模型 O	模型 P	模型 O	模型 P
CAP	0.012***	0.012***	0.005***	0.008***	0.01***	0.013***
	(6.17)	(3.61)	(6.29)	(3.46)	(11.36)	(5.22)
TECH	0.902***	0.829***	-0.079	0.055	0.944**	2.68**
	(7.44)	(3.46)	(-0.3)	(0.15)	(2.29)	(2.34)
HAR	1.329***		0.361		-1.018***	
	(4.28)		(1.55)		(5.37)	
CAP * TECH		0.003		0.013		-0.042**
		(0.56)		(1.3)		(2.52)
LGDP	0.466***	0.432***	0.099***	0.069**	0.233***	0.125**
	(5.68)	(4.69)	(3.41)	(2.05)	(5.24)	(2.5)
EMP	0.229	0.553*	0.424	0.443	-0.109	0.038
	(0.83)	(1.83)	(1.5)	(1.57)	(-1.29)	(0.38)
FDI	17.437***	16.476***	2.051	5.092	4.157	0.239
	(3.78)	(3.26)	(0.34)	(0.93)	(1.54)	(0.08)
OPEN	-0.818*	-0.944*	-0.137	-0.231	-3.102***	-2.897***
	(-1.67)	(-1.74)	(-0.17)	(-0.28)	(-5.65)	(-4.73)

续表

变量	东部地区		中部地区		西部地区	
	模型 O	模型 P	模型 O	模型 P	模型 O	模型 P
FIN	0.175 ***	0.228 ***	−0.001	0.006	−0.007	−0.021
	(6.24)	(8.23)	(−0.05)	(0.23)	(−0.38)	(−0.96)
MAR	0.243	0.301	0.218 ***	0.201 ***	0.019	0.002
	(1.39)	(1.54)	(4.03)	(3.66)	(0.34)	(0.04)
GOV	−1.054 *	−0.838	0.324	0.169	0.048	0.116
	(−1.7)	(−1.23)	(0.97)	(0.52)	(0.34)	(0.73)
URB	−0.04 ***	−0.054 ***	0.000	0.001	−0.016 ***	−0.008
	(−6.15)	(−8.11)	(0.13)	(0.3)	(−3.19)	(−1.53)
CONS	−1.875 ***	−1.644 **	−0.61 **	−0.489 *	−0.851 ***	−0.635 **
	(−3.07)	(−2.28)	(−2.45)	(−1.74)	(−3.32)	(−2.18)
N	110	110	80	80	110	110
R2	0.932	0.918	0.9652	0.9648	0.9338	0.918
F 值	34.6 ***	39.08 ***	45.83 ***	63.94 ***	48.93 ***	38.23 ***
Hausman 检验	78.13 **	76.51 ***	57.14 ***	59.84 ***	83.06 ***	77.88 ***
估计模型	固定	固定	固定	固定	固定	固定

注：***、**、* 分别代表 1%、5%、10% 的显著性水平。括号中数值为 T 统计量。

从分区域的合理化模型回归结果来看，资本深化与产业结构合理化指数均负相关，说明东、中、西部地区资本深化均促进了产业结构合理化发展，其中以中部地区最为显著，且影响系数最大。2006 年国务院出台的《关于促进中部地区崛起的若干意见》给中部地区带来大规模的产业转移，吸引了国内外大量资本在中部地区迅速积累，为三大产业的合理化发展奠定了基础。资本深化与技术创新的协调联动性在东、中部地区与产业结构合理化水平正相关，而在西部地区却呈现显著负相关现象，这也与西部地区资源配置效率最低有关，资本与技术难以充分发挥其融合优势。利用外资比重只在中部地区与产业结构合理化水平显著正相关，在东、西部地区 FDI 配置效率低而引发了产业结构失衡现象；市场化进程也只在中部地区与产业结构合理化显著正相关，在东、西部地区均不显著，未能保证要素、资源的充分竞争和流动。

从分区域的高度化模型回归结果来看，无论是单独的技术创新变量，还是资本深化与技术创新的协调联动性，都是对东部地区产业结构高度化的促进作用最明显，与其区位和政策优势呈正相关关系，而资本深化变量的促进效果却是在东部地区最弱，东部地区投资吸引力高使其资本存量规模远超中、西部地区，在边际效益递减规律下资本所发挥的效应就不如更具潜力的中部地区，而西部地区资本深化与技术创新协调联动指标的系数显著为负，该区域经济发展水平相对落后，资本与技术引进都相对欠缺，二者对产业结构高度化未能起到很好的推动作用；利用外资比重也是在东、中部地区与产业结构高度化显著正相关，在西部地区负相关但不显著，西部可能还存在着开放程度不足等不利产业结构升级的因素，阻碍了外资的良性引入；对外开放程度在三大区域都未能对产业结构高度化起到积极的作用；金融发展水平对产业结构高度化的促进作用在东部地区最为显著，中、西部地区的作用不显著，说明在金融业较为发达的东部地区，金融资本更多地配置给了劳动生产率高的产业，而在中西部地区，金融资源配置失衡，使其未能成为产业结构高度化的重要推动力；市场化进程对产业结构高度化的影响在东、中部地区显著为正，且东部地区的作用系数更大，在西部地区该系数却为负，东、中部在城市化进程中更加注重产业配套，而西部地区城镇化依旧滞后；对于政府支出水平，在中、西部地区与产业结构高度化正相关，但只有中部地区通过了显著性检验，在东部地区该系数符号不稳定，反映了地方政府对产业结构高度化的促进作用在中部地区更为显著。

从分区域的绿色化模型回归结果来看，东、中部地区资本深化程度与产业结构绿色化水平显著负相关，说明资本要素在这些地方过多流向于高能耗、高污染的重型工业产业，而在西部地区资本深化与产业结构绿色化显著正相关，因为西部地区资本存量相对较少且地域辽阔，稀释了资本深化对能源及环境的负面影响，更多地发挥了资本深化对绿色技术创新的积极作用；资本深化与技术创新的耦合协调度在东、中部地区对产业结构绿色化水平有显著的积极影响，但在西部地区这种影响却是负向的，原因还是与西部地区资本与技术整体水平相对较低有关；利用外资比重对产业结构绿色化的促进作用在西部地区最为显著，说明在西部地区政府更倾向于环境友好型 FDI，在东、中部地区反而都不显著，外资在这些地方未能引导产业绿色发展；城镇化进程对产业结构绿色化的影响各异，在东部地区不显著，中部地区显著正相关，西部地区显著负相关，说明中部地区城镇化进程中更加注重清洁产业配套，降低对环境的不利影响。

最后是分区域的产业结构升级综合指数模型回归结果，资本深化在三大区域均显著发挥了促进产业结构升级的作用；技术创新在西部地区对产业结构升级作用力度最大，西部地区技术基础薄弱，技术创新带来劳动生产率的提升空间相应更大；代表资本深化与技术创新协同的协调度和交互项指标系数在东部地区显著为正，中部地区为正但不显著，在西部地区却显著为负，说明区位优势越强、经济越发达的区域为资本深化与技术创新协同效应的发挥提供了肥沃的土壤，而经济欠发达地区资源配置效率也相对较低，资本与技术难以充分发挥协同优势。控制变量已在前面三小节做了详尽分析，此处不再赘述。

第四节　本章小结

本章利用我国各省域宏观数据，在对产业结构升级的三个方面——合理化、高度化、绿色化进行测度及对比的基础上，依据第四章中资本深化与技术创新协同的计算结果建立资本深化与技术创新协同对产业结构升级影响的动态面板数据模型，并利用系统 GMM 方法进行估计，而后通过建立静态面板数据模型进一步检验该影响在东、中、西部地区间的差异，可以得出以下结论。

（1）利用泰尔指数衡量产业结构合理化水平，用各产业部门劳动生产率与产值占比的乘积之和代表高度化水平，从能源消耗、污染排放、环保治理等方面构建指标评价体系，并利用熵权法计算产业结构绿色化水平综合指数，最后根据三方面内涵测算产业结构升级综合指数。测度结果显示，1998—2017 年我国整体产业结构处于持续优化升级状态。

(2) 从 GMM 估计结果来看，资本深化对产业结构合理化、绿色化水平以及产业结构升级综合指数的影响呈现倒"U"形效应，对产业结构高度化的正向影响不够显著；技术创新指标未对产业结构升级产生积极的影响；资本深化与技术创新的协调联动性指标显著促进了产业结构的合理化、高度化、绿色化发展以及产业升级综合指数提升，相比单独影响，二者协同的影响效应更优，与预期一致。

(3) 分区域回归的对比显示，资本深化对产业结构合理化和高度化的正面影响都在中部地区表现得最为显著，而其与产业结构绿色化的关系则只在西部地区表现出显著正相关；而资本深化与技术创新的协调联动性对产业结构升级的积极影响则普遍在东、中部地区更为显著。

第七章

结论、建议与展望

本书把握主线，紧扣研究主题，前两部分是定性分析，在对相关文献进行回顾和评述的基础上，对资本深化、技术创新与产业结构升级的逻辑关系和影响机理进行分析。后面三章为定量分析，先是从耦合协调和联动共生两方面分别计算省域层面和企业层面资本深化与技术创新的协调度和交互项，为后文衡量二者协同性做铺垫；之后分别从微观和宏观两方面进行实证检验，微观层面上结合了门槛回归模型和中介效应模型，利用上市公司数据检验资本深化与技术创新协同通过企业技术进步的中介效应对产业结构升级的影响，并确定最优的资本深化程度区间，宏观层面上利用我国各省域数据，从产业结构合理化、高度化、绿色化，以及产业结构升级综合指数四方面建立动态面板模型，利用系统GMM方法进行估计，检验资本深化、技术创新及二者的协调联动性对产业结构升级的影响，最后对东、中、西部三大区域进行对比分析。本章将依托前文成果，总结全书，形成研究结论，进一步提出资本深化与技术创新协同促进产业结构升级的政策建议，最后对后续研究予以展望。

第一节 主要结论

具体而言，本书可以形成以下结论。

（1）通过资本深化与技术创新协同的机理分析，可以得出：资本适度深化从人力资源和机械设备等方面为技术创新的开展提供了保障基础，也可通过提升劳动生产率进而提高劳动者人均收入使更多的资金和人力投入技术创新活动，发挥对技术创新的"补偿效应"；而资本过度深化则导致资本价格波动明显，催生投机行为，提高新建企业和项目的重置成本，从而抑制技术创新投入。另外，在资本边际产量递减和资源配置失衡的双重压力下，资本的产出效率下降，技术进步受阻，此时，资本深化对技术创新表现出"挤出效应"；反过来，技术创新又将提升经济体对新增资本的吸收能力，从而推动资本深化。

（2）通过资本深化对产业结构升级的影响机理分析，发现资本深化能否推动产业结构合理化发展，关键取决于资本要素的流向是否符合产业协调发展的规律；对于产业结构高度化，资本深化造成工业产业过剩，导致工业品价格降低，刺激资本从制造业流向服务业，另外，资本追逐高技术高效益产业，淘汰低效率无效率规模形式，都推动了产业结构向更高层级演进；对于产业结构绿色化，资本适度深化满足了清洁生产、环境治理所需的固定资产投资需求，但资本过度深化带来的能源消耗和环境污染都会阻碍产业结构绿色化升级。

（3）通过资本深化与技术创新协同促进产业结构升级的机理分析可知：技术创新与资本深化结合引致技术进步，可以克服单纯依赖资本深化时的缺陷，对产业结构升级起到更好的助推作用。合理化方面，技术创新的溢出效应促进产业融合，产业间协调度提高，同时，技术创新程度的不同促进了劳动力在不同产业间的流动，也加强了劳动分工的精细程度，对产业结构的合理化起到了积极的助推作用；高度化方面，在供给侧，资本与技术的融合可以升级传统工艺、技术，催生新兴产业，在需求侧，新材料、新产品带来消费需求结构升级，倒逼产业加快高度化升级的步伐；绿色化方面，技术进步通过提高能源利用率和开发清洁能源达到节能效果，而绿色创新技术的开发、应用和扩散，又从环保的角度推动产业绿色化转型。

（4）根据2008—2017年省域资本深化和技术创新水平耦合协调度的测算结果可知：大部分省域在样本期间内的耦合协调类型都保持了相对稳定并且都处于过度类协调发展阶段，绝大多数省域属于濒临失调发展类。从资本深化与技术创新的对比来看，长期以来，区域发展过程中普遍存在技术落后于资本的现象，二者在推动区域产业结构升级的过程中尚未发挥较好的协同效应，但多数省域在近些年有朝着协同发展的趋势，说明资本深化与技术创新协同性问题已逐步得到重视。而从企业层面的耦合协调度来看，多数企业属于轻度失调发展类，且技术创新滞后型企业数要多于资本深化滞后型。

（5）考虑企业技术进步中介效应，结合使用门槛回归模型和中介效应模型，对微观层面资本深化与技术创新影响产业结构升级的实证检验显示：资本深化与技术创新协同对企业技术进步的影响均存在显著的资本深化门槛效应，资本深化程度不足和过度都会阻碍二者协同对企业技术进步的促进作用，最优的资本深化门槛区间为 0.354—0.539，且这一门槛特征表现出显著的行业、所有制身份及区域差异。另外，微观层面资本深化与技术创新协同推进产业结构高度化和绿色化升级存在企业技术进步的中介效应，而中介效应在合理化升级过程中不显著，对于二者协调度而言，中介效应在高度化和绿色化模型中的影响值分别为 0.015 和 0.006，对于二者交互项而言，中介效应在高度化和绿色化模型中的影响值分别为 0.133 和 0.056。分组回归显示，东部地区中介效应的影响值要大于中西部地区。

（6）利用泰尔指数衡量并测算各省域 1998—2017 年产业结构合理化水平，结果显示我国产业整体泰尔指数在 2004 年前经历了小幅提升，之后到 2017 年一直处于下降趋势；用各产业部门劳动生产率与产值比重的乘积之和测算各省域高度化水平，发现该指标在 20 年间整体处于持续上升趋势，且在近五年增长迅速；从能源消耗、污染排放、环保治理等方面构建指标评价体系，并利用熵权法计算各省域产业结构绿色化水平综合指数，该指数逐年递增趋势非常显著；最后，利用熵权法进一步测算产业结构升级综合指数可知，我国各省域整体产业结构处于持续优化升级态势。

（7）利用我国各省域宏观动态面板数据检验资本深化与技术创新协同对产业结构升级影响，系统 GMM 估计结果显示：资本深化与产业结构合理化、绿色化以及产业结构升级综合指数的关系呈现倒"U"

形，即在适度范围内随着资本深化程度的提高，产业结构合理化、绿色化及整体升级水平得到提升，但当资本过度深化时，反而产生了抑制作用，而资本深化对产业结构高度化的正向影响不够显著；技术创新指标未对产业结构升级产生积极的影响；而资本深化与技术创新的协调性和联动性如预想的一样，对产业结构的合理化、高度化、绿色化发展及产业整体升级水平均起到了显著的促进作用。相比单独影响，二者协同的影响效应更优。

（8）利用静态面板模型进一步考察资本深化与技术创新对产业结构升级影响的区域差异，结果显示：资本深化对产业结构合理化和高度化的正面影响都在中部地区表现得最为显著，而其与产业结构绿色化的关系则只在西部地区表现出显著正相关；资本深化与技术创新的协调性和联动性对产业结构升级的积极影响则普遍在东、中部地区更为显著，在西部地区甚至出现了二者的协调联动与产业结构合理化和绿色化负相关的现象。

第二节 资本深化与技术创新协同推进产业结构升级的政策建议

在前文定性分析与定量测算资本深化与技术创新协同对产业结构升级影响的基础上，本小节依据这些研究成果，分别站在政府和企业的角度提出资本深化与技术创新协同推进产业结构升级的政策建议，为政策制定提供参考。

一 政府层面

（一）注重资本深化与技术创新作用机制的畅通及步伐协调

从实证分析结果看，资本深化与技术创新协同对产业结构升级有较为显著的促进作用。因此，畅通资本深化与技术创新的作用机制，充分发挥资本与技术协同的"导管"作用，协调二者发展步伐，能为产业结构升级做出一定的贡献。

一方面，要建立完善的制度体系，利用市场化契机保证产业结构升级过程中资本与技术支持"导管"的畅通。经济不断开放带来的市场化进程加快，为资本与技术的互促和协同发展提供了良好的契机，政府应通过建立健全相关法律法规与行政制度来保证市场的规范，同时要转变管理职能，扮演好市场主体服务者和秩序维护者的角色，从而更好激发市场经济和创新的活力，充分调动市场力量以发挥资本与技术耦合协调和联动共生的优势。

另一方面，要尽量避免资本深化与技术创新步伐不协调现象。从省域资本深化与技术创新耦合协同分析来看，多数省域处于濒临失调发展阶段，且普遍存在技术创新相对落后而资本深化过快的现象，在此现实背景下，政府要通过政策引导，加强资本深化与技术创新的配合与协同，避免出现一头重一头轻的发展现象。对于"资本过剩"区域或行业进行合理调控，如通过补贴、奖励、税收优惠等手段，引导资本投入技术密集型产业、流入技术创新领域，促进资本的"再升级"，在缓解资本过度深化的同时，使得资本深化与技术创新协调平衡发展。

（二）促进产业结构合理化和高度化发展的同时要兼顾绿色化水平的提升

首先，要树立可持续发展的经济增长观、绿色政绩观。所谓"要金山银山，更要绿水青山"，以牺牲环境为代价的经济增长必然是不可持续的，经济效益、环境效益和社会效益的"三效合一"才是最为和谐的增长方式。部分省域的产业结构绿色化综合指数在2007—2017年虽有小幅提升，但整体水平偏低，受传统发展观和GDP导向的政绩观影响，部分省域在项目投资和产业发展过程中可能出现了很多资源过度消耗、环境严重污染现象。因此，要把绿色发展理念融入政府绩效考核体系，量化和细化"绿色GDP"考评指标，给政府官员戴上绿色政绩的"紧箍"，从而建立起环境保护的第一道防线，实现经济与环境的双赢。

其次，完善环境政策体系，利用好环境规制的约束和激励机制。一方面，通过完善相关环境保护法律法规，加大对环境破坏行为的惩治力度，做好环境监控工作，倒逼企业增加节能环保及末端治理投资；另一方面，借鉴西方国家在环境规制工具组合使用上的先进经验，综合考虑命令控制型环境规制（如环境标准、技术标准等）和市场激励型环境规制（如排污费、排污权交易、环境税等）的组合使用及其配套措施的设计及完善，从而促进企业清洁生产、产业绿色发展。

再次，引导和激励绿色创新技术的研发、引用和扩散。近年来，我国高度重视绿色技术创新，绿色技术专利申请量呈快速增长态势，但从实证结果来看，企业创新投入未能很好地起到提升产业结构绿色化水平的作用，在一定程度上反映出制约绿色技术创新的障碍依旧存在，如绿色专利保障机制还不够完善、政府采购中的绿色采购制度还不健全、有效的市场化激励手段依旧缺乏、绿色技术在推广方面显得动力不足等。解决上述问题还需从以下几个方面发力：一是要通过加强绿色创新资金、人才等要素支持，以培育壮大绿色技术创新主体。如成立政府绿色引导基金，建立以政府为主导的产学研联盟，完善绿色信贷政策，鼓励碳金融产品创新，重视绿色技术高端人才的培养和引进等。二是要夯实绿色技术创新保障和服务配套体系。如搭建绿色技术信息共享云平台，简化绿色技术创新申报和使用手续，提高绿色专利审查效率，围绕"一带一路"建设推进绿色技术的国际合作等。三是要强化绿色创新法律保障，保护知识产权，规范绿色技术的市场化应用，从而优化绿色创新环境。

最后，根据行业的异质性特征制定差异化的产业政策。对于高能耗、高排放的污染密集型产业，应直接干预限制其发展，如勒令限期整改，淘汰落后产能，完善企业退出机制等；对于低能耗、低排放的清洁型产业，要加大扶持力度，鼓励其发展壮大为同行业中优质企业，激发企业活力。当然，在制定和实施产业政策时一定要遵循适度原则，将适度干预和鼓励竞争相结合，避免导致资源错配和效率流失。

（三）结合异质性特征，优化资源在区域间的配置

从第六章分区域对比回归结果可知，我国东、中、西部地区之间资本深化与技术创新对产业结构升级的影响表现出显著的差异。因此，有必要结合所在区域资源禀赋、经济发展水平及行业异质特征，统筹规划，引导社会投资与人力资本的流向，实现资源在区域间的合理分配，因地制宜地优化资源配置，促进各区域均衡发展。

对于经济发达、区域和政策优势明显的东部地区，投资吸引力高使其资本积累过剩，资本边际效益递减的同时也不利于和其他要素合理配置，造成无效率投资、重复建设和产能过剩等现象，对资本与技术融合所发挥的效应反而产生不利影响。此时，要发挥地方政府对投资的调控和管理作用，避免资本的"羊群性"涌入，统筹东部地区资源在各产业间协调配置，促进产业结构升级。

对于先天条件较弱、发展相对落后的西部地区，资本与技术引进都相对欠缺，这就需要先"补短板"，注重基础设施建设，为要素的流入生根提供良好的土壤，加大对西部地区服务业和新兴产业的扶持力度，将部分产业合理转移到西部地区，输送创新人才，完善金融服务体系，引导和激励区域间资源的合理配置，以满足西部开发中的资金和技术需求。

对于中部地区，资本深化与技术创新对产业结构绿色化水平都产生了不利影响，在鼓励中部地区崛起的同时应该有针对性地引导投资环境友好型项目，淘汰落后产能，使新增资本向技术含量高、资源消耗少、综合效益好的产业靠拢，鼓励绿色技术创新，寻找能源节约型经济增长点，避免走粗放型工业扩张的发展老路。

二 企业层面

（一）控制资本深化规模，转变资本深化方式

通过实证分析可知，合理的资本深化程度才能充分发挥技术创新投入对企业技术进步的促进作用，且资本过度深化不利于产业结构升级。为了避免过度资本深化所带来的负面影响，企业应转变资本深化方式，把注重"量"的深化转为注重"质"的提高，应引导人才培养、机制创新与资本深化的完美匹配，确保机械设备、生产工艺的"硬"技术与人力资源、制度的"软"技术同步与时俱进，为技术创新创造良好的环境基础。

一方面，应为技术创新水平的提升完善硬件基础。避免生产规模的盲目扩张和资本的无效率投资，利用资本加快完成机械设备等硬件的更新换代和改造升级，为提升技术创新水平提供强有力的工具支撑；加快

相关技术研发基地与平台建设,增进产学研合作,加大绿色创新技术的研发投入。

另一方面,要保证高端人才建设的资金支持。人力资本是提质的关键力量,积极引进高科技人才尤其是绿色技术研发人才,加强人才的交流与合作,通过继续教育提高人才对于新技术新方法的吸收能力和技术转化率,这些都需要充足的资金保障。

此外,要结合所在行业的现实情况,将资本深化程度调至合理的水平,如根据第五章行业异质性的实证检验结果可知,对于高技术行业企业而言,"轻资产化"的发展模式更有利于推动企业的技术进步,这应是高技术行业发展路径的有效选择,"变轻"将有利于高技术企业将资金和精力集中于价值链的高附加值环节,如核心技术研发、品牌提升、市场拓展等,而将一些重资产低技术含量环节转移出去,比如产品、零部件的生产,从而极大地提升企业的核心竞争力。

(二)建立技术创新长效机制,实现企业技术进步

从第五章实证结果来看,我国企业技术创新投资强度普遍偏低,创新意识不高、动力不强,高技术人才缺乏现象严重。我们必须清楚地认识到,企业是技术创新和产业升级的主体,如果只是一直停留在生产加工这一低附加值环节,长此以往会造成价值链低端锁定现象,而技术创新是实现向价值链中高端环节跃进的关键因素,由此实现的技术进步也是推动产业结构升级的关键力量。因此,有必要以企业的技术进步为发力点,建立技术创新长效机制,从而推动产业结构升级。

一是要建立推动技术创新的激励机制。对高层创新项目规划的激励和对基层创新活动开展的激励双管齐下,重点奖励表彰在技术创新中做出突出贡献的员工,树立榜样,塑造典型,探索将技术创新贡献与薪酬及职务挂钩的激励机制,充分调动创新的积极性,同时要完善知识产权保护机制,保证创新成果不受侵害。

二是要立足于自身的技术研发能力,加强与高校和科研院所的交流合作。充分利用好各类产学研结合的科技创新协作平台,对于自主创新能力较弱的企业,可以先通过技术引进渠道,做好引进技术与现有技术对接融合工作,在引进技术和合作创新成果充分消化、吸收的基础上,

适时将学习模仿来的成功经验转化为企业自主创新的动力，进而提升自身的技术创新水平。

三是要加大人力资本的投资力度。在第五章实证中可以看出，企业技术人员"多却不精"并不能发挥促进企业技术进步的作用，因此，企业要重视人才的引进和培训，通过优惠的政策吸引高层次的创新人才和高水平的管理人才，同时，要以产业发展和市场需求为导向，建立制度化、科学化、规范化的人才培训体系，帮助人才补齐能力短板、升级知识体系，提升优秀人才创新的能力和积极性，为企业技术进步贡献力量。

此外，通过文化建设使得技术创新机制得以永续传承。鼓励创新文化，营造自主创新的文化氛围，除了大力宣传教育外，还要全员参与，使得全员上下都认同这种文化，激励、辐射、引导更多的人自觉主动地投入技术创新的浪潮中来。

第三节　不足之处与研究展望

本书以文献和机理研究为基础，以实证研究为支撑，运用适当的方法，重点研究了资本深化与技术创新协同对产业结构升级的影响，也得出了一些较客观的结论，但是笔者也只是在该研究领域做了初步的探索。鉴于全文篇幅、数据来源及本人时间和能力的局限性，本书尚存诸多不足之处，亟待改进。

（1）指标选择及测度方法有待改进。如在对全国及省域层面资本存量进行测算的过程中，为降低工作量，部分数据直接采用了相关文献的测算结果，且某些指标的确定（如投资价格指数的构建等）可能存在值得商榷的地方；再比如产业结构绿色化水平的度量，虽然尽可能全面地从能源消耗、污染排放和环境治理三个方面选取指标进行评价，但限于数据获取的困难，某些指标（如雾霾温室气体、清洁能源的利用等）仍无法纳入进来，还有进一步完善的空间。另外，控制变量的选择也多参照文献中的常规做法，可能会因为测度上的不准确或者遗漏某些影响产业结构升级的因素而对研究结果的稳健性造成影响。

（2）实证研究中技术创新对产业结构升级影响的结果与理论分析不一致的现象有待解释和克服。另外，技术创新有不同的路径或方式，自主创新、模仿创新等对产业结构合理化、高度化和绿色化发展可能存在不同的影响，这些在书中并未涉及。

（3）虽然在企业和宏观层面的数据检验中多次做了东、中、西部区域的对比分析，但却未采用空间计量方法以生动准确捕捉资本深化、技术创新及产业结构升级的空间效应和空间差异。

以上不足之处也为笔者未来在该领域研究的拓展与深化提供了思路。

（1）完善相关指标的选取与测度。关于产业结构高度化，可以从数量和质量（如技术复杂度）等方面设计更为合理的度量方式①。关于产业结构绿色化水平，尽可能地选取更全面更丰富更相关的指标，尝试利用主成分分析、因子分析与聚类分析相结合的方法，对我国各省域产业绿色化水平进行综合评价。另外，在对省域资本存量的测算过程中，折旧率处理和投资价格指数的构建等均有待改进和完善，从而提高资本存量测算结果的准确性。

（2）可以通过构建多部门内生增长模型对资本深化和技术创新影响产业结构升级的作用机制加以完善，并尝试从技术创新的不同模式探索其对产业结构升级的机制和路径，同时在实证部分选取不同的代理变量区分自主创新和模仿创新，进行更为全面的实证检验。

（3）在研究方法的选择上，可以选择空间计量方法和系统动力学流率基本入树仿真方法，一方面可以观察资本深化和技术创新基于地理位置的溢出效应或吸收效应，检验二者与产业结构升级的空间同质性或异质性；另一方面可以利用系统动力学的优势调控流位变量或内生变量、政策因子，从而进行仿真预测。

---

① 黄亮雄、安苑、刘淑琳：《中国的产业结构调整：基于三个维度的测算》，《中国工业经济》2013年第10期。

附录一

省域资本深化与技术创新耦合协调度的测算

一 省域技术创新水平评价指标数据

指标	省域	2008年	2009年	2010年	2011年	2012年	2013年	2014年	2015年	2016年	2017年
研究与试验发展（R&D）经费内部支出（万元）	北京	5503499	6686351	8218234	9366439	10633640	11850469	12687953	13840231	14845762	15796512
	天津	1557166	1784661	2295644	2977580	3604866	4280921	4646868	5101839	5373223	4587227
	河北	1091113	1348446	1554492	2013377	2457670	2818551	3130881	3508708	3834274	4520312
	山西	625574	808563	898835	1133926	1323458	1549799	1521871	1325268	1326237	1482347
	内蒙古	338950	520726	637205	851685	1014468	1171877	1221346	1360617	1475124	1323278
	辽宁	1900662	2323687	2874703	3638348	3908680	4459322	4351851	3633971	3727165	4298825
	吉林	528364	813602	758005	891337	1098010	1196882	1307243	1414089	1396668	1280073
	黑龙江	866999	1091704	1230434	1287788	1459588	1647838	1613469	1576677	1525048	1465898
	上海	3553868	4233774	4817031	5977131	6794636	7767847	8619549	9361439	10493187	12052052

续表

指标	省域	2008年	2009年	2010年	2011年	2012年	2013年	2014年	2015年	2016年	2017年
研究与试验发展（R&D）经费内部支出（万元）	江苏	5809124	7019529	8579491	10655109	12878616	14874466	16528208	18012271	20268734	22600621
	浙江	3445714	3988367	4942349	5980824	7225867	8172675	9078500	10111792	11306297	12663398
	安徽	983208	1359535	1637219	2146439	2817953	3520833	3936070	4317511	4751329	5649198
	福建	1019288	1353819	1708982	2215151	2709891	3140589	3550325	3929298	4542920	5430888
	江西	631468	758936	871527	967529	1136552	1354972	1531114	1731820	2073091	2558030
	山东	4337171	5195920	6720045	8443667	10203266	11758027	13040695	14271890	15660904	17530070
	河南	1222763	1745599	2111675	2644923	3107802	3553246	4000099	4350430	4941880	5820538
	湖北	1489859	2134490	2641180	3230129	3845239	4462043	5108973	5617415	6000423	7006253
	湖南	1127040	1534995	1865584	2332181	2876780	3270253	3679345	4126692	4688418	5685310
	广东	5025577	6529820	8087478	10454872	12361501	14434527	16054458	17981679	20351440	23436283
	广西	328306	472028	628696	810205	971539	1076790	1119033	1059124	1177487	1421787
	海南	33479	57806	70204	103717	137244	148357	169151	169685	217095	231099
	重庆	601525	794599	1002663	1283560	1597973	1764911	2018528	2470012	3021830	3646309
	四川	1602595	2144590	2642695	2941009	3508589	3999702	4493285	5028761	5614193	6378500
	贵州	189298	264134	299665	363089	417261	471850	554795	623196	734006	958815
	云南	309909	372304	441672	560797	687548	798371	859297	1093570	1327616	1577604
	西藏	12285	14385	14599	11530	17839	23033	23519	31242	22184	28648
	陕西	1432726	1895063	2175042	2493548	2872035	3427454	3667730	3931727	4195554	4609363

续表

指标	省域	2008年	2009年	2010年	2011年	2012年	2013年	2014年	2015年	2016年	2017年
研究与试验发展（R&D）经费内部支出（万元）	甘肃	318014	372612	419385	485261	604762	669194	768739	827203	869850	884070
	青海	39092	75938	99438	125756	131228	137541	143235	115843	139977	179109
	宁夏	75490	104422	115101	153183	182304	209042	238580	254842	299269	389357
	新疆	160113	218043	266545	330031	397289	454598	491587	520010	566301	569519
研究与试验发展（R&D）人员全时当量（人年）	北京	189551	191779	193718	217255	235493	242175	245384	245728	253337	269835
	天津	48348	52039	58771	74293	89609	100219	113335	124321	119384	103087
	河北	46155	56509	62305	73025	78533	89546	100946	106975	111384	113191
	山西	43986	47772	46279	47355	47029	49035	48955	42873	44147	47694
	内蒙古	18264	21676	24765	27604	31819	37280	36435	38248	39480	33030
	辽宁	76673	80925	84654	80977	87180	94885	99586	85366	87839	88858
	吉林	31731	39393	45313	44815	49961	48008	49774	49276	48252	45530
	黑龙江	50717	54159	61854	66599	65118	62660	62648	56598	54942	47406
	上海	95129	132859	134952	148500	153361	165755	168173	171798	183932	183462
	江苏	195333	273273	315831	342765	401920	466159	498801	520303	543438	560002
	浙江	159589	185069	223484	253687	278110	311042	338398	364710	376553	398091
	安徽	49465	59697	64169	81087	103047	119342	129319	133558	135829	140452

续表

指标	省域	2008年	2009年	2010年	2011年	2012年	2013年	2014年	2015年	2016年	2017年
研究与试验发展（R&D）人员全时当量（人年）	福建	59270	63269	76737	96884	114492	122544	135866	126572	132155	140325
	江西	28241	33055	34823	37517	38152	43512	43469	46548	50620	61897
	山东	160420	164620	190329	228608	254013	279331	286352	297845	301480	304820
	河南	71494	92571	101467	118041	128323	152252	161444	158858	166279	162504
	湖北	72751	91161	97924	113920	122748	133061	140741	135481	136608	139990
	湖南	50253	63843	72637	85783	100032	103414	107432	114869	119345	130829
	广东	238684	283650	344692	410805	492327	501718	506862	501696	515649	565287
	广西	23243	29856	33987	40135	41268	40664	41208	38269	39903	36857
	海南	1726	4210	4893	5397	6787	6962	7514	7713	7840	7715
	重庆	34421	35005	37078	40698	46122	52612	58354	61520	68055	79149
	四川	86736	85921	83800	82485	98010	109708	119676	116842	124614	144821
	贵州	11458	13093	15087	15886	18732	23888	23969	23537	24124	28290
	云南	19754	21110	22552	25092	27817	28483	30523	39535	41116	46576
	西藏	635	1332	1259	1081	1199	1203	1262	1130	1126	1249
	陕西	64752	68040	73218	73501	82428	93494	97138	92618	94755	98188
	甘肃	20118	21158	21661	21332	24290	25047	27122	25859	25759	23738
	青海	2501	4603	4858	5006	5181	4767	4731	4008	4166	5656
	宁夏	5153	6920	6378	7358	8073	8234	9500	9247	9004	9859
	新疆	8810	12655	14382	15451	15671	15822	15662	16949	16945	15212

续表

指标	省域	2008年	2009年	2010年	2011年	2012年	2013年	2014年	2015年	2016年	2017年
规模以上工业企业R&D项目数	北京	10320	7494	4194	7048	8226	10037	9010	7554	7262	7904
	天津	6626	7609	5665	10515	12062	12904	15055	11393	12019	13456
	河北	3813	4445	4346	6055	7574	7618	8714	8358	9533	11295
	山西	1473	2044	2194	2348	2795	2885	2726	2232	2471	3454
	内蒙古	688	898	1030	1320	1857	2133	2265	1801	2260	2353
	辽宁	5931	7472	6063	6799	7710	7813	8608	5422	6399	8533
	吉林	1079	1597	1621	1885	1990	6421	2264	2014	2253	2439
	黑龙江	3107	3968	4113	4343	4231	4307	4324	3080	3068	3826
	上海	6998	9667	6397	12378	12833	13441	13821	11089	10909	12557
	江苏	17944	27454	17826	31933	44570	48530	53117	51720	59535	67205
	浙江	17177	22986	11046	28672	35582	42158	45679	51940	59088	69180
	安徽	3243	5233	4446	8426	11882	14394	14648	14100	15697	20010
	福建	3781	5435	3309	6441	9080	10426	10949	10929	12849	15944
	江西	2274	2799	1917	2608	2930	4288	4385	4403	6351	7504
	山东	12585	18858	17192	25193	30119	31906	34353	30778	35835	43666
	河南	5151	6981	6082	8415	9349	11257	12635	11764	12562	15973
	湖北	4531	6104	4602	7077	8062	9522	9955	8647	10363	12968
	湖南	3606	5669	3982	6928	7563	8425	9393	6646	7899	10411

附录一 省域资本深化与技术创新耦合协调度的测算

续表

指标	省域	2008年	2009年	2010年	2011年	2012年	2013年	2014年	2015年	2016年	2017年
规模以上工业企业R&D项目数	广东	15280	24888	22117	29243	37460	40759	42941	37375	50740	73439
	广西	1535	2920	1747	2890	3526	2890	3260	2397	2664	2795
	海南	74	311	197	299	478	769	934	570	552	572
	重庆	3014	3726	3230	4524	5113	5794	7879	6544	7612	10624
	四川	5769	6974	4392	6712	9868	10298	11027	6609	8869	12359
	贵州	825	1278	1018	1345	1649	1717	1682	1619	2145	2758
	云南	1072	991	1082	1514	1665	1729	2102	3017	3441	4122
	西藏	14	19	9	16	24	20	30	21	29	32
	陕西	3248	3921	3419	4210	5164	6099	6668	4054	4487	5125
	甘肃	894	926	1090	1280	1912	1731	1894	1572	1465	1650
	青海	106	147	151	131	147	145	156	150	296	310
	宁夏	644	766	433	853	1170	1073	1136	1125	1342	1404
	新疆	646	818	679	757	933	1078	897	972	1002	1161
新产品销售收入（万元）	北京	24970000	28314951	24955308	34803252	33176311	36727656	42470008	35640401	40858562	41192831
	天津	25900000	28262709	31704983	38311448	44601011	55696886	56651106	57277739	56428282	40949317
	河北	10210000	11634045	13062233	18992289	24576633	29160256	33340326	34762445	39231360	46623294
	山西	6380000	6296160	5970902	8609925	9283912	10272735	9246772	8333433	10850063	15434765
	内蒙古	3400000	3340301	5261434	5188902	5814946	6285040	5573230	6648406	7796103	11244704

续表

指标	省域	2008年	2009年	2010年	2011年	2012年	2013年	2014年	2015年	2016年	2017年
新产品销售收入（万元）	辽宁	17920000	25868782	21610398	29599589	31936021	40931774	40369623	33373490	33872375	36962037
	吉林	11440000	28925805	16541690	24075631	21577965	7031878	16599926	18227484	26276146	27746957
	黑龙江	4310000	5097624	5519335	5586813	5655068	5825023	5272813	5110495	5026218	6824812
	上海	47150000	54440825	61808136	77721952	73999056	76883835	84469638	74709344	90334750	100681518
	江苏	65890000	85236348	93872085	148421107	178454188	197142112	235409275	244632694	280846698	285790192
	浙江	47670000	63482974	62826183	100493941	112839734	148820993	165078596	183391393	213968302	211501500
	安徽	9240000	15333831	19971178	31826110	37318538	43790809	52808808	58822307	73210508	88430765
	福建	15710000	17674924	19853442	31138914	32911524	34400997	35117053	35255547	40526601	44766789
	江西	5700000	5094716	7620428	9418710	12871344	16829309	17563827	20586019	31368046	38571746
	山东	53800000	71919279	89056730	111844081	129131803	142841782	145558220	146984304	163134209	181263978
	河南	13570000	17710388	18287436	25501566	25762027	47914474	51689500	57894206	61154137	70958863
	湖北	16570000	18116899	23301606	30994175	36984125	46544784	52745891	56769152	67132019	75234883
	湖南	11460000	23187749	23501254	37595209	47689791	57246324	63103689	73497969	80984709	85857213
	广东	71030000	82955488	113016974	143822736	154028478	180137410	203133184	226425002	286714109	348630305
	广西	5610000	8223781	9515760	12260904	12369278	15866038	13484220	16333703	19808824	22492207
	海南	600000	249246	940477	1350545	1344677	1601202	1482605	1330871	1265915	1306518
	重庆	15330000	19029836	24780319	30280328	24299198	26961130	36107819	45351174	50143454	53227016
	四川	14680000	21846719	14357774	21003174	20959773	24758761	27112961	28924767	30447284	36830600

附录一 省域资本深化与技术创新耦合协调度的测算

续表

指标	省域	2008年	2009年	2010年	2011年	2012年	2013年	2014年	2015年	2016年	2017年
新产品销售收入（万元）	贵州	1780000	1891156	3106451	4442117	3832764	3683200	4083736	3944834	5752002	6055568
	云南	2850000	2739668	2328834	3808209	4468160	4433810	5182591	5132031	6284487	8086166
	西藏		48166		17728	21004	23454		56367	78690	94173
	陕西	4720000	6566624	8682771	9657071	8715851	10154791	11267648	10409950	12364855	17148934
	甘肃	2290000	2348957	3442373	5026884	5954233	6185275	7193529	5740962	3031098	3461052
	青海	480000	542937	170695	86513	103773	125430	85659	228191	379404	1027045
	宁夏	700000	963234	1012001	1385912	1856287	2796416	1912824	2826884	2026821	3352269
	新疆	1550000	1034710	2559793	2561510	2760241	3533318	4837892	4943911	4745506	3938875
国内三种专利申请受理数合计（件）	北京	43508	50236	57296	77955	92305	123336	138111	156312	189129	185928
	天津	18230	19624	25973	38489	41009	60915	63422	79963	106514	86996
	河北	9128	11361	12295	17595	23241	27619	30000	44060	54838	61288
	山西	5386	6822	7927	12769	16786	18859	15687	14948	20031	20697
	内蒙古	2221	2484	2912	3841	4732	6388	6359	8876	10672	11701
	辽宁	20893	25803	34216	37102	41152	45996	37860	42153	52603	49871
	吉林	5536	5934	6445	8196	9171	10751	11933	14800	18922	20450
	黑龙江	7974	9014	10269	23432	30610	32264	31856	34611	35293	30958
	上海	52835	62241	71196	80215	82682	86450	81664	100006	119937	131740
	江苏	128002	174329	235873	348381	472656	504500	421907	428337	512429	514402

续表

指标	省域	2008年	2009年	2010年	2011年	2012年	2013年	2014年	2015年	2016年	2017年
国内三种专利申请受理数合计（件）	浙江	89931	108482	120742	177066	249373	294014	261435	307264	393147	377115
	安徽	10409	16386	47128	48556	74888	93353	99160	127709	172552	175872
	福建	13181	17559	21994	32325	42773	53701	58075	83146	130376	128079
	江西	3746	5224	6307	9673	12458	16938	25594	36936	60494	70591
	山东	60247	66857	80856	109599	128614	155170	158619	193220	212911	204859
	河南	19090	19589	25149	34076	43442	55920	62434	74373	94669	119240
	湖北	21147	27206	31311	42510	51316	50816	59050	74240	95157	110234
	湖南	14016	15948	22381	29516	35709	41336	44194	54501	67779	77934
	广东	103883	125673	152907	196272	229514	264265	278358	355939	505667	627834
	广西	3884	4277	5117	8106	13610	23251	32298	43696	59239	56988
	海南	873	1040	1019	1489	1824	2359	2416	3127	3658	4564
	重庆	8324	13482	22825	32039	38924	49036	55298	82791	59518	64648
	四川	24335	33047	40230	49734	66312	82453	91167	110746	142522	167484
	贵州	2943	3709	4414	8351	11296	17405	22467	18295	25315	34610
	云南	4089	4633	5645	7150	9260	11512	13343	17603	23709	28695
	西藏	350	195	162	263	170	203	248	309	712	1097
	陕西	11898	15570	22949	32227	43608	57287	56235	74904	69611	98935
	甘肃	2178	2676	3558	5287	8261	10976	12020	14584	20276	24448

附录一 省域资本深化与技术创新耦合协调度的测算

续表

指标	省域	2008年	2009年	2010年	2011年	2012年	2013年	2014年	2015年	2016年	2017年
国内三种专利申请受理数合计（件）	青海	431	499	602	732	844	1099	1534	2590	3284	3181
	宁夏	1087	1277	739	1079	1985	3230	3532	4394	6149	8575
	新疆	2412	2872	3560	4736	7044	8224	10210	12250	14105	14260
技术市场技术输出地域（合同金额）（万元）	北京	10272173	12362450	15795367	18902752	24585034	28517239	31371854	34538855	39409752	44868872
	天津	866122	1054611	1193390	1693819	2323275	2761575	3885631	5034369	5526361	5514411
	河北	165906	172112	192931	262471	378178	315581	292228	395438	589959	889245
	山西	128425	162068	184911	224825	306088	527681	484595	512007	425622	941471
	内蒙古	94423	147651	271464	226719	1060962	387390	139393	153872	120492	196087
	辽宁	997290	1197095	1306811	1596633	2306648	1733775	2174648	2674927	3232180	3855317
	吉林	196066	197598	188090	262614	251180	347167	285756	264697	1164198	2199199
	黑龙江	412565	488550	529123	620682	1004473	1017747	1202776	1272637	1258091	1467121
	上海	3861695	4354108	4314374	4807491	5187473	5316804	5924481	6637838	7809858	8106177
	江苏	940246	1082184	2493406	3334316	4009141	5275020	5431585	5729178	6356425	7784223
	浙江	589189	564581	603478	718968	813079	814958	872527	980966	1983716	3247310
	安徽	324865	356174	461470	650337	861592	1308253	1698313	1904669	2173748	2495697
	福建	179690	232594	356569	345712	500920	446885	391913	521448	432204	754634
	江西	77641	97893	230479	341861	397796	430552	507593	648484	790077	962096

续表

指标	省域	2008年	2009年	2010年	2011年	2012年	2013年	2014年	2015年	2016年	2017年
技术市场技术输出地域（合同金额）（万元）	山东	660126	719391	1006769	1263778	1400153	1793981	2492942	3075545	3959453	5116448
	河南	254425	263046	272002	387602	399435	402406	407919	450442	587075	768528
	湖北	628971	770329	907218	1256876	1963922	3976158	5806801	7893407	9038371	10330773
	湖南	477024	440432	400940	353901	422420	772098	979342	1050578	1056287	2031915
	广东	2016319	1709850	2358949	2750647	3649384	5293936	4132478	6625775	7581650	9370755
	广西	26996	17662	41362	56377	25238	73449	115833	73132	339922	394228
	海南	35602	5556	32651	34584	5666	38693	6525	21861	34431	41079
	重庆	621884	383158	794410	681453	540188	902760	1562007	572366	1471870	513581
	四川	435313	545977	547393	678330	1112438	1485752	1990506	2823202	2993006	4058307
	贵州	20356	17806	77191	136483	96743	183972	200392	259626	204437	807409
	云南	50547	102469	108827	117144	454779	420003	479233	518364	582559	847625
	西藏	—	—	—	—	—	—	—	—	—	440
	陕西	438300	698074	1024140	2153664	3348153	5332787	6400198	7218211	8027887	9209395
	甘肃	297560	356287	430845	526386	730619	999936	1145162	1296958	1506615	1629587
	青海	77033	84967	114051	168443	192989	268863	291001	468849	569190	677186
	宁夏	8898	8982	9972	39447	29135	14289	31823	35202	40526	66679
	新疆	73963	12078	45188	43783	53853	29953	28223	30322	42755	57554

二 省域资本深化与技术创新耦合协调度测算结果

	2008年	2009年	2010年	2011年	2012年	2013年	2014年	2015年	2016年	2017年
北京	0.672	0.683	0.695	0.701	0.716	0.707	0.707	0.697	0.683	0.663
天津	0.559	0.585	0.616	0.622	0.668	0.683	0.698	0.709	0.713	0.718
河北	0.439	0.454	0.482	0.485	0.505	0.510	0.517	0.529	0.537	0.536
山西	0.420	0.430	0.456	0.455	0.469	0.471	0.481	0.488	0.489	0.478
内蒙古	0.492	0.519	0.544	0.554	0.576	0.582	0.585	0.587	0.585	0.575
辽宁	0.526	0.558	0.592	0.605	0.633	0.646	0.660	0.659	0.641	0.608
吉林	0.456	0.488	0.523	0.536	0.549	0.554	0.551	0.545	0.545	0.541
黑龙江	0.420	0.432	0.452	0.449	0.465	0.474	0.485	0.470	0.460	0.434
上海	0.672	0.680	0.703	0.706	0.717	0.696	0.677	0.616	0.598	0.574
江苏	0.567	0.615	0.673	0.691	0.752	0.798	0.819	0.835	0.856	0.865
浙江	0.559	0.592	0.615	0.612	0.650	0.670	0.687	0.695	0.715	0.720
安徽	0.363	0.388	0.420	0.420	0.439	0.457	0.474	0.487	0.499	0.500
福建	0.450	0.475	0.485	0.490	0.505	0.516	0.537	0.547	0.550	0.560
江西	0.381	0.400	0.427	0.423	0.435	0.443	0.454	0.464	0.477	0.482
山东	0.511	0.549	0.577	0.592	0.626	0.641	0.657	0.669	0.679	0.683
河南	0.388	0.411	0.442	0.443	0.450	0.452	0.467	0.474	0.476	0.475

续表

	2008年	2009年	2010年	2011年	2012年	2013年	2014年	2015年	2016年	2017年
湖北	0.402	0.416	0.441	0.441	0.467	0.483	0.509	0.531	0.547	0.562
湖南	0.365	0.381	0.405	0.404	0.425	0.437	0.453	0.470	0.486	0.504
广东	0.547	0.566	0.595	0.603	0.621	0.618	0.608	0.604	0.603	0.604
广西	0.342	0.353	0.370	0.363	0.373	0.394	0.403	0.409	0.416	0.421
海南	0.389	0.389	0.402	0.393	0.403	0.403	0.410	0.409	0.408	0.407
重庆	0.499	0.520	0.545	0.566	0.587	0.588	0.602	0.625	0.644	0.654
四川	0.399	0.409	0.442	0.438	0.450	0.457	0.468	0.478	0.477	0.477
贵州	0.322	0.322	0.324	0.325	0.327	0.329	0.344	0.357	0.369	0.382
云南	0.351	0.358	0.363	0.354	0.345	0.333	0.334	0.336	0.341	0.344
陕西	0.419	0.439	0.465	0.476	0.505	0.580	0.610	0.623	0.620	0.584
甘肃	0.347	0.350	0.347	0.343	0.355	0.362	0.378	0.395	0.401	0.382
青海	0.408	0.411	0.420	0.422	0.442	0.454	0.470	0.486	0.497	0.499
宁夏	0.430	0.445	0.448	0.456	0.466	0.475	0.489	0.498	0.508	0.503
新疆	0.464	0.466	0.476	0.474	0.480	0.482	0.482	0.491	0.494	0.477

附录二

样本公司所在行业绿色升级指标测算结果

样本公司所在行业	年度	单位产值工业废水排放量（吨/万元）	单位产值工业二氧化硫排放量（吨/亿元）	废水治理设施处理能力（万吨/日）	工业废气治理设施处理能力（万立方米/时）
采掘	2011	6.85	7.36	3440	13283
	2012	6.86	6.29	3806	12917
	2013	7.02	5.84	3723	12747
	2014	6.63	6.07	3614	12930
	2015	6.63	7.79	3421	15294
电子	2011	14.61	2.58	20	10641
	2012	15.65	2.13	11	14840
	2013	16.22	1.74	8	14830
	2014	16.90	1.68	10	16295
	2015	19.12	1.01	11	21013

续表

样本公司所在行业	年度	单位产值工业废水排放量（吨/万元）	单位产值工业二氧化硫排放量（吨/亿元）	废水治理设施处理能力（万吨/日）	工业废气治理设施处理能力（万立方米/时）
纺织服装	2011	170.25	188.49	254	14660
	2012	166.91	193.17	308	14582
	2013	152.18	175.88	301	15351
	2014	140.59	160.97	264	14630
	2015	135.24	159.84	292	15065
机械设备仪表	2011	1.85	3.01	626	21914
	2012	1.80	3.03	503	25889
	2013	1.86	2.48	516	27611
	2014	1.79	2.17	541	29644
	2015	1.78	1.80	560	33815
金属非金属	2011	9.90	269.80	10454	637687
	2012	9.31	271.14	10397	701631
	2013	8.76	251.12	10833	653242
	2014	8.39	254.07	10580	706983
	2015	8.71	277.16	10065	789759
木材家具	2011	19.60	229.90	2711	8532
	2012	24.95	211.33	2823	9437

附录二 样本公司所在行业绿色升级指标测算结果

续表

样本公司所在行业	年度	单位产值工业废水排放量（吨/万元）	单位产值工业二氧化硫排放量（吨/亿元）	废水治理设施处理能力（万吨/日）	工业废气治理设施处理能力（万立方米/时）
木材家具	2013	26.19	186.48	2412	11656
	2014	28.68	188.16	2195	10392
	2015	29.24	211.37	2052	10425
石油化学塑胶	2011	61.52	321.74	3381	98009
	2012	59.83	316.65	3466	97331
	2013	57.36	260.98	2996	109362
	2014	58.36	259.05	3136	125936
	2015	57.16	248.19	3391	141824
食品饮料	2011	60.71	119.63	691	68509
	2012	66.70	105.46	723	92566
	2013	63.12	97.98	773	31678
	2014	61.51	91.35	764	32322
	2015	60.60	93.66	762	32607
医药生物	2011	15.37	32.92	179	9498
	2012	18.10	29.24	152	4777
	2013	17.07	25.02	166	4952
	2014	17.62	22.31	183	5580
	2015	16.85	19.40	191	7117

续表

样本公司所在行业	年度	单位产值工业废水排放量（吨/万元）	单位产值工业二氧化硫排放量（吨/亿元）	废水治理设施处理能力（万吨/日）	工业废气治理设施处理能力（万立方米/时）
造纸印刷	2011	346.76	494.41	15	21063
	2012	311.11	466.43	19	18297
	2013	259.42	394.20	24	18619
	2014	250.49	352.70	16	18494
	2015	215.66	316.78	17	19413
其他	2011	748986.03	2620045.70	11	1318
	2012	974225.26	10630784.04	19	97575
	2013	1027443.18	8512268.05	21	2341
	2014	1328948.94	9804351.02	22	2947
	2015	1486354.06	8482404.96	24	3825

附录三

省域产业结构合理化、高度化、绿色化水平测算结果

一 产业结构合理化水平

	2008年	2009年	2010年	2011年	2012年	2013年	2014年	2015年	2016年	2017年
北京	0.036	0.038	0.037	0.038	0.034	0.031	0.030	0.027	0.027	0.030
天津	0.090	0.106	0.078	0.071	0.069	0.063	0.054	0.056	0.056	0.048
河北	0.193	0.198	0.179	0.171	0.166	0.147	0.131	0.133	0.126	0.132
山西	0.411	0.428	0.324	0.342	0.351	0.310	0.279	0.264	0.245	0.243
内蒙古	0.456	0.485	0.479	0.488	0.482	0.458	0.398	0.367	0.382	0.377
辽宁	0.197	0.223	0.193	0.208	0.215	0.201	0.170	0.166	0.157	0.135
吉林	0.275	0.279	0.290	0.334	0.340	0.323	0.277	0.258	0.228	0.229
黑龙江	0.305	0.316	0.269	0.308	0.280	0.250	0.200	0.129	0.111	0.098

续表

	2008年	2009年	2010年	2011年	2012年	2013年	2014年	2015年	2016年	2017年
上海	0.033	0.028	0.026	0.017	0.016	0.024	0.026	0.019	0.023	0.025
江苏	0.130	0.119	0.108	0.099	0.089	0.082	0.079	0.081	0.073	0.074
浙江	0.090	0.086	0.081	0.065	0.055	0.056	0.051	0.056	0.057	0.051
安徽	0.187	0.175	0.187	0.218	0.241	0.223	0.202	0.182	0.157	0.153
福建	0.133	0.121	0.119	0.115	0.099	0.089	0.083	0.085	0.081	0.078
江西	0.159	0.163	0.156	0.179	0.179	0.159	0.148	0.142	0.126	0.116
山东	0.220	0.230	0.216	0.202	0.186	0.174	0.156	0.152	0.143	0.148
河南	0.311	0.298	0.267	0.253	0.245	0.228	0.203	0.209	0.194	0.199
湖北	0.259	0.255	0.293	0.302	0.308	0.302	0.280	0.244	0.225	0.205
湖南	0.190	0.184	0.202	0.215	0.224	0.223	0.225	0.236	0.228	0.223
广东	0.185	0.176	0.177	0.140	0.135	0.135	0.129	0.126	0.127	0.126
广西	0.296	0.315	0.305	0.331	0.327	0.341	0.339	0.329	0.327	0.324
海南	0.194	0.174	0.161	0.156	0.149	0.147	0.119	0.106	0.092	0.084
重庆	0.303	0.304	0.349	0.346	0.311	0.263	0.231	0.201	0.179	0.160
四川	0.199	0.194	0.220	0.236	0.241	0.226	0.225	0.207	0.181	0.169
贵州	0.772	0.723	0.702	0.662	0.641	0.596	0.558	0.499	0.422	0.379
云南	0.563	0.521	0.491	0.511	0.463	0.426	0.407	0.393	0.389	0.372
陕西	0.397	0.389	0.311	0.280	0.266	0.493	0.449	0.433	0.398	0.533

附录三　省域产业结构合理化、高度化、绿色化水平测算结果

续表

	2008 年	2009 年	2010 年	2011 年	2012 年	2013 年	2014 年	2015 年	2016 年	2017 年
甘肃	0.540	0.522	0.506	0.521	0.530	0.501	0.470	0.457	0.404	0.455
青海	0.364	0.368	0.345	0.338	0.346	0.323	0.325	0.296	0.267	0.294
宁夏	0.326	0.308	0.258	0.463	0.481	0.472	0.445	0.402	0.390	0.403
新疆	0.371	0.418	0.336	0.343	0.360	0.330	0.286	0.273	0.240	0.237

二　产业结构高度化水平

	2008 年	2009 年	2010 年	2011 年	2012 年	2013 年	2014 年	2015 年	2016 年	2017 年
北京	1.468	1.714	2.017	2.258	2.545	2.836	3.160	3.440	3.742	4.068
天津	0.943	1.076	1.261	1.368	1.621	1.828	2.025	2.216	2.427	2.655
河北	0.380	0.453	0.543	0.609	0.693	0.783	0.874	0.962	1.050	1.160
山西	0.427	0.504	0.602	0.675	0.762	0.856	0.945	1.054	1.156	1.287
内蒙古	0.748	0.871	1.022	1.134	1.298	1.447	1.596	1.739	1.890	2.070
辽宁	0.522	0.607	0.712	0.788	0.905	1.011	1.122	1.235	1.352	1.499
吉林	0.428	0.511	0.609	0.687	0.772	0.872	0.967	1.058	1.157	1.263
黑龙江	0.484	0.569	0.668	0.748	0.838	0.949	1.046	1.135	1.220	1.339
上海	1.622	1.857	2.187	2.441	2.814	3.089	3.422	3.781	4.147	4.557
江苏	0.536	0.633	0.756	0.851	0.963	1.104	1.237	1.363	1.502	1.662

续表

	2008年	2009年	2010年	2011年	2012年	2013年	2014年	2015年	2016年	2017年
浙江	0.660	0.769	0.913	1.024	1.170	1.322	1.474	1.632	1.794	1.981
安徽	0.147	0.189	0.240	0.278	0.319	0.366	0.413	0.460	0.510	0.573
福建	0.510	0.603	0.722	0.804	0.918	1.020	1.129	1.233	1.341	1.461
江西	0.152	0.193	0.242	0.279	0.328	0.379	0.433	0.484	0.536	0.595
山东	0.420	0.498	0.595	0.669	0.754	0.864	0.976	1.080	1.187	1.310
河南	0.247	0.300	0.370	0.418	0.474	0.539	0.613	0.680	0.750	0.847
湖北	0.224	0.278	0.346	0.393	0.449	0.511	0.574	0.633	0.702	0.788
湖南	0.199	0.249	0.308	0.349	0.414	0.472	0.528	0.588	0.656	0.732
广东	0.796	0.920	1.089	1.206	1.387	1.542	1.714	1.892	2.088	2.290
广西	0.191	0.241	0.303	0.352	0.406	0.472	0.532	0.591	0.653	0.720
海南	0.358	0.424	0.516	0.581	0.673	0.773	0.861	0.955	1.055	1.172
重庆	0.294	0.363	0.437	0.494	0.553	0.626	0.702	0.789	0.877	0.994
四川	0.173	0.219	0.271	0.311	0.366	0.421	0.473	0.528	0.586	0.660
贵州	0.221	0.277	0.343	0.394	0.453	0.527	0.601	0.663	0.732	0.793
云南	0.311	0.375	0.459	0.519	0.591	0.682	0.766	0.838	0.918	1.011
陕西	0.375	0.452	0.553	0.631	0.710	0.809	0.905	1.003	1.094	1.198
甘肃	0.248	0.306	0.373	0.425	0.489	0.557	0.625	0.689	0.755	0.831
青海	0.254	0.310	0.378	0.433	0.494	0.554	0.636	0.705	0.777	0.872

附录三 省域产业结构合理化、高度化、绿色化水平测算结果

续表

	2008年	2009年	2010年	2011年	2012年	2013年	2014年	2015年	2016年	2017年
宁夏	0.262	0.323	0.394	0.448	0.511	0.582	0.654	0.719	0.784	0.865
新疆	0.301	0.359	0.432	0.483	0.574	0.655	0.734	0.814	0.891	0.985

三 产业结构绿色化水平

	2008年	2009年	2010年	2011年	2012年	2013年	2014年	2015年	2016年	2017年
北京	0.689	0.662	0.681	0.679	0.663	0.702	0.723	0.768	0.700	0.752
天津	0.610	0.617	0.643	0.637	0.665	0.649	0.659	0.689	0.628	0.604
河北	0.587	0.615	0.640	0.678	0.731	0.689	0.695	0.688	0.688	0.684
山西	0.520	0.587	0.609	0.645	0.669	0.720	0.718	0.697	0.676	0.794
内蒙古	0.552	0.593	0.611	0.655	0.723	0.720	0.739	0.760	0.744	0.719
辽宁	0.571	0.606	0.626	0.624	0.671	0.748	0.668	0.645	0.647	0.622
吉林	0.578	0.590	0.598	0.639	0.617	0.615	0.624	0.620	0.625	0.617
黑龙江	0.577	0.610	0.756	0.629	0.633	0.659	0.694	0.645	0.635	0.642
上海	0.615	0.628	0.630	0.618	0.620	0.615	0.630	0.646	0.636	0.630
江苏	0.621	0.639	0.633	0.647	0.662	0.667	0.692	0.688	0.690	0.674
浙江	0.588	0.688	0.597	0.627	0.610	0.634	0.636	0.649	0.642	0.667
安徽	0.591	0.638	0.635	0.654	0.687	0.705	0.753	0.721	0.724	0.730

续表

	2008年	2009年	2010年	2011年	2012年	2013年	2014年	2015年	2016年	2017年
福建	0.567	0.574	0.583	0.612	0.615	0.646	0.663	0.625	0.632	0.623
江西	0.552	0.556	0.590	0.648	0.689	0.718	0.677	0.668	0.664	0.679
山东	0.639	0.663	0.671	0.673	0.698	0.706	0.717	0.716	0.696	0.706
河南	0.567	0.578	0.584	0.592	0.612	0.626	0.648	0.648	0.645	0.659
湖北	0.555	0.578	0.610	0.610	0.644	0.648	0.642	0.655	0.636	0.675
湖南	0.549	0.576	0.605	0.592	0.604	0.621	0.636	0.630	0.699	0.629
广东	0.575	0.587	0.604	0.760	0.618	0.611	0.621	0.615	0.616	0.622
广西	0.508	0.537	0.588	0.608	0.627	0.640	0.655	0.646	0.665	0.648
海南	0.616	0.603	0.624	0.629	0.629	0.659	0.619	0.604	0.606	0.617
重庆	0.557	0.570	0.618	0.671	0.711	0.662	0.652	0.644	0.629	0.630
四川	0.563	0.575	0.576	0.580	0.600	0.613	0.629	0.641	0.625	0.635
贵州	0.433	0.471	0.482	0.508	0.556	0.567	0.605	0.644	0.624	0.619
云南	0.523	0.553	0.589	0.612	0.614	0.620	0.660	0.629	0.626	0.628
陕西	0.564	0.581	0.620	0.654	0.633	0.642	0.657	0.676	0.662	0.687
甘肃	0.532	0.524	0.550	0.582	0.570	0.638	0.685	0.648	0.630	0.634
青海	0.457	0.519	0.486	0.500	0.490	0.488	0.527	0.512	0.525	0.588
宁夏	0.476	0.488	0.492	0.516	0.568	0.569	0.607	0.617	0.624	0.652
新疆	0.542	0.563	0.599	0.592	0.629	0.709	0.726	0.753	0.677	0.687

参考文献

丁宝山、任建平：《产业经济辞典》，中国财政经济出版社1991年版。

傅家骥：《技术创新学》，清华大学出版社1998年版。

李京文：《技术进步与产业结构——模型》，经济科学出版社1989年版。

罗·萨缪尔森、威廉·诺德豪斯：《经济学》，人民邮电出版社2004年版。

齐亚伟：《环境约束下的要素集聚与区域经济可持续发展：基于区域创新能力的视角》，社会科学文献出版社2014年版。

芮明杰：《产业经济学》，上海财经大学出版社2012年版。

苏东水：《中国国民经济管理学》，山东人民出版社1998年版。

王明友：《知识经济与技术创新》，经济管理出版社1999年版。

吴大进、曹力、陈立华：《协同学原理和应用》，华中理工大学出版社1990年版。

曹华、张茜：《基于循环经济的中国各地区产业结构优化评价》，《经济问题》2010年第7期。

陈昌兵：《可变折旧率估计及资本存量测算》，《经济研究》2014年第12期。

陈刚：《R&D溢出、制度和生产率增长》，《数量经济技术经济研究》2010年第10期。

陈汝影、余东华：《资本深化、有偏技术进步与制造业全要素生产率》，《现代经济探讨》2020年第6期。

陈诗一：《能源消耗、二氧化碳排放与中国工业的可持续发展》，《经济研究》2009年第4期。

程莉:《产业结构的合理化、高级化会否缩小城乡收入差距——基于1985—2011年中国省级面板数据的经验分析》,《现代财经—天津财经大学学报》2014年第11期。

崔庆安、王文坡、张水娟:《金融深化、产业结构升级与技术创新——基于空间杜宾模型的实证分析》,《工业技术经济》2018年第2期。

戴小勇、成力为:《财政补贴政策对企业研发投入的门槛效应》,《科研管理》2014年第6期。

单豪杰:《中国资本存量K的再估算:1952—2006年》,《数量经济技术经济研究》2008年第10期。

董明放、韩先锋:《研发投入强度与战略性新兴产业绩效》,《统计研究》2016年第1期。

杜丽、高帅雄:《资本体现式技术进步、资本深化与经济增长》,《产业组织评论》2017年第11期。

冯白、葛扬:《资本投向、产权性质与区域产业结构调整》,《产业经济研究》2016年第1期。

付宏、毛蕴诗、宋来胜:《创新对产业结构高级化影响的实证研究——基于2000—2011年的省际面板数据》,《中国工业经济》2013年第9期。

干春晖、郑若谷、余典范:《中国产业结构变迁对经济增长和波动的影响》,《经济研究》2011年第5期。

高远东、张卫国、阳琴:《中国产业结构高级化的影响因素研究》,《经济地理》2015年第6期。

宫旭红、曹云祥:《资本深化与制造业部门劳动生产率的提升——基于工资上涨及政府投资的视角》,《经济评论》2014年第3期。

郭海霞:《资源型地区承接国际产业转移的产业结构效应研究——以山西省为例》,《经济问题》2017年第3期。

何平、陈丹丹、贾喜越:《产业结构优化研究》,《统计研究》2014年第7期。

胡鞍钢、周绍杰:《绿色发展:功能界定、机制分析与发展战略》,《中国人口·资源与环境》2014年第1期。

黄浩：《中国制造业资本深化与劳动力就业关系实证检验》，《统计与决策》2016 年第 14 期。

黄亮雄、安苑、刘淑琳：《中国的产业结构调整：基于三个维度的测算》，《中国工业经济》2013 年第 10 期。

黄茂兴、李军军：《技术选择、产业结构升级与经济增长》，《经济研究》2009 年第 7 期。

黄山松、谭清美：《制造业能源效率测算与影响因素分析》，《技术经济与管理研究》2010 年第 6 期。

黄先海、杨君、肖明月：《资本深化、技术进步与资本回报率：基于美国的经验分析》，《世界经济》2012 年第 9 期。

纪玉俊、张莉健：《基于全球价值链背景的中国制造业不同升级影响因素及其选择》，《广西财经学院学报》2020 年第 3 期。

贾润崧、张四灿：《中国省际资本存量与资本回报率》，《统计研究》2014 年第 11 期。

江三良、纪苗：《技术创新影响产业结构的空间传导路径分析》，《科技管理研究》2019 年第 13 期。

姜英兵、崔广慧：《环保产业政策对企业环保投资的影响：基于重污染上市公司的经验证据》，《改革》2019 年第 2 期。

蒋选：《我国产业结构政策的基本导向和主要问题》，《经济理论与经济管理》2002 年第 12 期。

金书秦、Mol A. P. J.、Bluemling B.：《生态现代化理论：回顾和展望》，《理论学刊》2011 年第 7 期。

靳涛、陈嘉佳：《转移支付能促进地区产业结构合理化吗——基于中国 1994—2011 年面板数据的检验》，《财经科学》2013 年第 10 期。

靖学青：《区域产业转移与产业结构高度化——基于长江经济带的实证研究》，《江西社会科学》2017 年第 10 期。

黎贵才、卢荻：《资本深化、资源约束与中国经济可持续增长》，《经济学家》2011 年第 5 期。

李宾：《我国资本存量估算的比较分析》，《数量经济技术经济研究》2011 年第 12 期。

李甲全：《农业资本深化对农业经济影响的实证研究》，《财经界》（学术版）2017 年第 21 期。

李健、徐海成：《技术进步与我国产业结构调整关系的实证研究》，《软科学》2011 年第 4 期。

李培楠、赵兰香、万劲波：《创新要素对产业创新绩效的影响——基于中国制造业和高技术产业数据的实证分析》，《科学学研究》2014 年第 4 期。

李潭、王灿：《员工收入占比、公司价值与资本深化》，《中国市场》2015 年第 25 期。

李治国、唐国兴：《资本形成路径与资本存量调整模型——基于中国转型时期的分析》，《经济研究》2003 年第 2 期。

梁琳、林善浪：《金融结构与经济绿色低碳发展》，《经济问题探索》2018 年第 11 期。

刘伟、张辉、黄泽华：《中国产业结构高度与工业化进程和地区差异的考察》，《经济学动态》2008 年第 11 期。

鲁晓东、连玉君：《中国工业企业全要素生产率估计：1999—2007》，《经济学：季刊》2012 年第 11 期。

陆根尧、盛龙、唐辰华：《中国产业生态化水平的静态与动态分析——基于省际数据的实证研究》，《中国工业经济》2012 年第 3 期。

伦蕊：《工业产业结构高度化水平的基本测评》，《江苏社会科学》2005 年第 2 期。

罗楚亮、倪青山：《资本深化与劳动收入比重——基于工业企业数据的经验研究》，《经济学动态》2015 年第 8 期。

骆玲、史敦友：《工业绿色化：理论本质、判定依据与实践路径》，《学术论坛》2020 年第 1 期。

马汴京：《资本深化、异质性科技投入与劳动生产率增长——基于中国大中型工业企业的经验证据》，《中南财经政法大学学报》2011 年第 3 期。

马国旺、李焙尧：《中国资本深化对劳动报酬份额的影响分析》，《江西社会科学》2020 年第 2 期。

毛丰付、潘加顺：《资本深化、产业结构与中国城市劳动生产率》，《中国工业经济》2012年第10期。

渠海雷、邓琪：《论技术创新与产业结构升级》，《科学学与科学技术管理》2000年第2期。

茹少峰、刘家旗：《网络经济资本深化对我国潜在经济增长率的贡献解析》，《经济纵横》2018年第12期。

申萌、万海远、李凯杰：《从"投资拉动"到"创新驱动"：经济增长方式转变的内生动力和转型冲击》，《统计研究》2019年第3期。

沈琼、王少朋：《技术创新，制度创新与中部地区产业转型升级效率分析》，《中国软科学》2019年第4期。

宋建、郑江淮：《资本深化、资源配置效率与全要素生产率：来自小企业的发现》，《经济理论与经济管理》2020年第3期。

宋林、张永旺：《中国制造业资本深化行业特征与贸易结构转型》，《经济问题探索》2017年第8期。

苏建军、徐璋勇：《金融发展、产业结构升级与经济增长——理论与经验研究》，《工业技术经济》2014年第2期。

孙海波、刘忠璐、林秀梅：《人力资本积累、资本深化与中国产业结构升级》，《南京财经大学学报》2018年第1期。

孙浦阳、韩帅、许启钦：《产业集聚对劳动生产率的动态影响》，《世界经济》2013年第3期。

孙婷、余东华、张明志：《技术创新、资本深化与制造业国际竞争力——基于环境规制视角的实证检验》，《财经论丛》2018年第1期。

孙早、席建成：《中国式产业政策的实施效果：产业升级还是短期经济增长》，《中国工业经济》2015年第7期。

汤向俊：《资本深化、人力资本积累与中国经济持续增长》，《世界经济》2006年第8期。

唐国平、李龙会、吴德军：《环境管制、行业属性与企业环保投资》，《会计研究》2013年第6期。

陶长琪、彭永樟：《经济集聚下技术创新强度对产业结构升级的空间效应分析》，《产业经济研究》2017年第3期。

屠年松、李彦：《创新驱动产业转型升级研究——基于2002—2013年省际面板数据》，《科技进步与对策》2015年第24期。

王丹枫：《产业升级、资本深化下的异质性要素分配》，《中国工业经济》2011年第8期。

王定祥、李伶俐、吴代红：《金融资本深化、技术进步与产业结构升级》，《西南大学学报》（社会科学版）2017年第1期。

王惠、王树乔、苗壮、李小聪：《研发投入对绿色创新效率的异质门槛效应——基于中国高技术产业的经验研究》，《科研管理》2016年第2期。

王立新、曹梅英：《技术创新与产业升级的互动机制》，《系统工程》2018年第6期。

王述英：《论产业结构优化和政府政策选择机制》，《南开经济研究》1996年第2期。

温忠麟、叶宝娟：《中介效应分析：方法和模型发展》，《心理科学进展》2014年第5期。

巫强：《资本深化、技术进步与雇佣规模调整》，《中国人口·资源与环境》2013年第6期。

吴海民：《资本深化带来了劳动生产率下降吗》，《财经科学》2013年第9期。

吴敬琏：《增长模式与技术进步》，《中关村》2005年第11期。

吴声功：《中国资本深化、技术变革与产业结构的调整》，《江苏社会科学》2005年第5期。

吴言动、彭凯平：《传统产业向新兴产业转型升级的创新驱动机制与保障策略研究》，《科学管理研究》2018年第3期。

肖兴志、李少林：《环境规制对产业升级路径的动态影响研究》，《经济理论与经济管理》2013年第6期。

谢千里、罗斯基、郑玉歆：《改革以来中国工业生产率变动趋势的估计及其可靠性分析》，《经济研究》1995年第12期。

徐胜、赵欣欣、姚双：《绿色信贷对产业结构升级的影响效应分析》，《上海财经大学学报》2018年第2期。

许庆瑞、吴晓波:《技术创新、劳动生产率与产业结构》,《中国工业经济研究》1991年第12期。

杨志云、陈再齐:《要素生产率、资本深化与经济增长——基于1979—2016年中国经济的增长核算》,《广东社会科学》2018年第5期。

叶静怡、林佳:《创新与企业全要素生产率——来自中国制造业企业的证据》,《学习与探索》2016年第5期。

叶宗裕:《中国省际资本存量测算》,《统计研究》2010年第12期。

于泽、徐沛东:《资本深化与我国产业结构转型——基于中国1987—2009年29省数据的研究》,《经济学家》2014年第3期。

余东华、张维国:《要素市场扭曲、资本深化与制造业转型升级》,《当代经济科学》2018年第2期。

袁建国、后青松、程晨:《企业政治资源的诅咒效应——基于政治关联与企业技术创新的考察》,《管理世界》2015年第1期。

袁云峰、贾康、徐向东:《金融竞争、相对资本深化与地区经济效率》,《统计研究》2012年第3期。

原毅军、戴宁:《基于绿色技术创新的中国制造业升级发展路径》,《科技与管理》2017年第1期。

张长征、吉星:《技术进步率对产业结构调整影响的实证检验》,《统计与决策》2018年第6期。

张红霞、王丹阳:《要素投入、产业结构合理化与产业结构高级化——基于山东省面板数据的动态GMM检验》,《华东经济管理》2016年第3期。

张健华、王鹏:《中国全要素生产率:基于分省份资本折旧率的再估计》,《管理世界》2012年第10期。

张军、吴桂英、张吉鹏:《中国省际物质资本存量测算:1952—2000》,《经济研究》2004年第10期。

张军:《资本形成、工业化与经济增长:中国的转轨特征》,《经济研究》2002年第6期。

张银银、黄彬:《创新驱动产业结构升级的路径研究》,《经济问题探索》2015年第3期。

张玉昌：《企业研发决策、要素配置与创新效率——基于企业微观科技活动数据》，《财经论丛》2019年第8期。

张玉臣、杜千卉：《高新技术企业研发投入失效现象及成因分析》，《科研管理》2017年第1期。

张治栋、廖常文：《技术创新与长江经济带产业结构升级——市场化的调节作用》，《科技进步与对策》2020年第7期。

赵传仁、韩先锋、宋文飞：《研发投资对企业技术进步影响的异质门槛效应》，《中国科技论坛》2016年第9期。

赵志耘、吕冰洋、郭庆旺等：《资本积累与技术进步的动态融合：中国经济增长的一个典型事实》，《经济研究》2007年第11期。

钟茂初：《产业绿色化内涵及其发展误区的理论阐释》，《中国地质大学学报》（社会科学版）2015年第3期。

钟章奇、王铮：《创新扩散与全球产业结构优化——基于Agent模拟的研究》，《科学学研究》2017年第4期。

周叔莲、王伟光：《科技创新与产业结构升级》，《管理世界》2001年第5期。

周孝坤、冯钦、袁颖：《科技投入、金融深化与产业结构升级——基于中国1978—2008年数据的实证检验》，《社会科学家》2010年第10期。

周亚虹、贺小丹、沈瑶：《中国工业企业自主创新的影响因素和产出绩效研究》，《经济研究》2012年第5期。

朱轶、吴超林：《中国工业资本深化的区域特征与就业效应——兼论分权体制下资本深化态势的应对》，《南开经济研究》2010年第5期。

朱钟棣、李小平：《中国工业行业资本形成、全要素生产率变动及其趋异化：基于分行业面板数据的研究》，《世界经济》2005年第9期。

季良玉：《技术创新影响中国制造业转型升级的路径研究》，博士学位论文，东南大学，2016年。

伦蕊：《制造业资本深化进程中的竞争力提升问题研究》，博士学位论文，暨南大学，2006年。

倪明明：《中国金融结构调整与产业结构优化研究》，博士学位论文，西北大学，2015 年。

王海龙：《资本深化、技术进步与产业结构升级》，硕士学位论文，浙江财经大学，2016 年。

王亚君：《要素替代、资本深化和服务业生产率的动态演化机理》，博士学位论文，吉林大学，2017 年。

赵辉：《资本积累、技术进步与劳动力市场动态——马克思经济增长理论与模型研究》，博士学位论文，南开大学，2009 年。

Abramovitz, Moses, "The Search for the Sources of Growth: Areas of Ignorance, Old and New", *The Journal of Economic History*, Vol. 53, No. 2, 1993.

Acemoglu D. and Guerrieri V., "Capital Deepening and Nonbalanced Economic Growth", *Journal of Political Economy*, Vol. 116, No. 3, 2008.

Adler P. Samd Shenbar A., "Adapting Your Technological Base: The Organizational Challenge", *Sloan Management Review*, Vol. 25, No. 1, 1990.

Aghion H. P., "Capital Accumulation and Innovation as Complementary Factors in Long – Run Growth", *Journal of Economic Growth*, Vol. 3, No. 2, 1998.

Aghion P. and Howitt P., "A Model of Growth Through Creative Destruction", *Econometrica*, Vol. 60, No. 2, 1992.

Aghion P. and Howitt P., *The Economics of Growth*, Cambridge: MIT Press Books, 2009.

Antonelli C., *The Economics of Ifnnovation*, *New Technologies and Structural Change*, London: Routledge, 2003.

Arellano Mand Bond S., "Some Tests of Specification for Panel Data: Monte Carlo Evidence and an Application to Employment Equations", *Review of Economic Studies*, Vol. 58, No. 2, 1991.

Arellano M. and Bover O., "Another Look at the Instrumental Variable Estimation of Error – components Models", *Journal of Econometrics*, 1995.

Bergeaud A., Cette G. and Lecat R., "The Role of Production Factor Quality and Technology Diffusion in Twentieth – century Productivity Growth", *Cliometrica*, 2018.

Blundell Rand Bond S. , "Initial Conditions and Moment Restrictions in Dynamic Panel Data Models ", *Journal of Econometrics*, Vol. 87, No. 1, 1998.

Denision E. F. , *Accounting for United States Economic Growth 1929 – 1969*, Washington: Brookings Institution, 1974.

Dolata U. , "Technological Innovations and Sectoral Change: Transformative Capacity, Adaptability, Patterns of Change: An Analytical Framework", *Research Policy*, Vol. 38, No. 6, 2009.

Dryzek J. S. , "Complexity and Rationality in Public Life", *Political Studies*, Vol. 35, No. 3, 2006.

Fernandes A. M. , "Firm Productivity in Bangladesh Manufacturing Industries", *World Development*, Vol. 36, No. 10, 2008.

Foster – Mcgregor N. and Verspagen B. , "The Role of Structural Transformation in the Potential of Asian Economic Growth", *SSRN Electronic Journal*, 2016.

Égert B. , "Regulation, Institutions and Aggregate Investment: New Evidence from OECD Countries", *Open Economies Review*, Vol. 29, No. 2, 2018.

Gonzalez Alvarez Nuria and Argothy Anderson, "Research, Development and Growth in State – owned Enterprises: Empirical Evidence from Ecuador", *Industry and Innovation*, Vol. 26, No. 2, 2019.

Griffith R. , Redding S. and Reenen J. V. , "R&D and Absorptive Capacity: Theory and Empirical Evidence", *Scandinavian Journal of Economics*, Vol. 105, No. 1, 2010.

Hall B. H. , Jaffe A. and Trajtenberg M. , "Market Value and Patent Citations", *RAND Journal of Economics*, Vol. 36, No. 1, 2005.

Hansen B. E. , "Sample Splitting and Threshold Estimation", *Econometrica*, 2000.

Hoffmann W. G. , *The Growth of Industrial Economics*, Manchester: Manchester University Press, 1958.

Hu A. and Jefferson G. H. , "A Great Wall of Patents: What is Behind China's Recent Patent Explosion?", *Journal of Development Economics*, Vol. 90, No. 1, 2009.

Hutchinson Jamd Persyn D. , "Globalisation, Concentration and Footloose Firms: In search of the Main Cause of the Declining Labour Share", *Review of World Economics*, Vol. 148, No. 1, 2012.

Karabarbounis L. and Neiman B. , "The Global Decline of the Labor Share", *The Quarterly Journal of Economics*, Vol. 129, No. 1, 2014.

Kojima, Kiyoshi, "Capital Accumulation and the Course of Industrialisation, with Special Reference to Japan", *The Economic Journal*, Vol. 280, No. 70, 1960.

Laitner J. , "Structural Change and Economic Growth", *Review of Economic Studies*, Vol. 67, No. 3, 2010.

Liang H. and Zhang Z. , "The Effects of Industry Characteristics on the Sources of Technological Product and Process Innovation", *Journal of Technology Transfer*, Vol. 37, No. 6, 2012.

Lin B. , Lee Y. and Hung S. , "R&D Intensity and Commercialization Orientation Effects on Financial Performance", *Journal of Business Research*, 2006.

Michael Peneder "Industrial Structure and Aggregate Growth", *Structural Change and Economic Dynamics*, No. 14, 2003.

Penrose E. , "Theory of the Growth of the Firm", *Journal of the Operational Research Society*, Vol. 23, No. 2, 1959.

Quo B. , Wang Q. Z. and Shou Y. Y. , "Firm Size, R&D, and Performance: An Empirical Analysis on Software Industry in China", International Engineering Management Conference, sponsored by IEEE, Singapore, 2004.

Rennings K. , "Redefining Innovation—eco - innovation Research and the

Contribution from Ecological Economics", *Ecological Economics*, Vol. 32, No. 2, 2004.

Rosenstein – Rodan P. N. , "Problems of Industrialisation of Eastern and South – Eastern Europe", *Economic Journal*, Vol. 210, No. 53, 1943.

Russu and Corneliu, "Structural Changes Produced in the Romanian Manufacturing Industry in the Last Two Decades", *Procedia Economics and Finance*, No. 22, 2015.

Sarkar A. N. , "Promoting Eco – innovations to Leverage Sustainable Development of Eco – industry and Green Growth", *European Journal of Sustainable Development*, Vol. 2, No. 1, 2013.

Scarlato M. , "Innovation, Socio – institutional Conditions and Economic Growth in the Italian Regions", *Regional Studies*, Vol. 49, No. 9, 2015.

Sharma C. , "R&D and Firm Performance: Evidence from the Indian Pharmaceutical Industry", *Journal of the Asia Pacific Economy*, Vol. 17, No. 2, 2012.

Smith B. B. D. , "Financial Intermediation and Endogenous Growth", *Review of Economic Studies*, Vol. 58, No. 2, 1991.

Tomasz Święcki, "Determinants of Structural Change", *Review of Economic Dynamics*, No. 24, 2017.

Vernon R. , "International Investment and International Trade in the Product Cycle", *International Executive*, Vol. 80, No. 2, 1966.

Wang C. H. , "Clarifying the Effects of R&D on Performance: Evidence from the High Technology Industries", *Asia Pacific Management Review*, Vol. 16, No. 1, 2011.

Wang F. , Dong B. M. , Yin X. P. , et al. , "China's Structural Change: A New SDA Model", *Economic Modelling*, No. 43, 2014.

Wei G. , Saaty T. L. and Wei L. , "Evaluating and Optimizing Technological Innovation Efficiency of Industrial Enterprises Based on Both Data and Judgments", *International Journal of Information Technology & Decision Making*, Vol. 17, No. 1, 2018.

William A. Brock and M. Scott Taylor, "The Green Solow Model", *Journal of Economic Growth*, Vol. 15, No. 2, 2010.

Özge Özay, "Is Capital Deepening Process Male – biased? The Case of Turkish Manufacturing Sector", *Structural Change and Economic Dynamics*, No. 36, 2015.

后　　记

　　本书是我在博士论文基础上形成的，在书稿完工之际，心中百感交集！思绪回到 2015 年的春天，初为人母的我刚出月子就走进了考场，辛苦的付出换来了珍贵的南昌大学管理科学与工程博士研究生录取通知书，喜极而泣的场景至今历历在目。转眼四年过去了，一路走来，有挣扎，有辛酸，有泪水，但也有坚持，有喜悦，论文思路受阻时的辗转反侧，突破困难时的欣喜万分，都成为生命中宝贵的回忆。一路走来，要感谢的人太多太多，这简短的几句致谢远不能表达我心中的感激之情！

　　首先要感谢我的恩师何宜庆教授，何老师学识渊博，淡泊明志，治学严谨，循循善诱，从考博到期刊论文的发表，从申报课题到博士论文的选题、写作，直至定稿，都浸透了恩师的大量心血。何老师无时无刻不在关心学生的学业和成长，多次带我参加学术年会和行业调研，创造机会为愚钝的我开阔眼界。他对工作和学术的奉献精神深深地感染着我，他对学生的殷殷期望激励着我排除万难，奋勇向前！能拜在何老师的门下，何其幸也！在此，我要向何老师表达我最诚挚的谢意，道一声：老师，您辛苦了！

　　感谢我的师母王芸教授，听王老师上课如沐春风，她的睿智与亲和令我由衷地崇敬，感谢师母在我迷茫困顿时给予的鼓励与支持。同时，还要感谢我博士求学期间遇到的每一位老师——贾仁安教授、涂国平教授、邓群钊教授、徐兵教授、黄新建教授、彭迪云教授、郑克强教授、陈东有教授、甘筱青教授……他们的学术造诣是我膜拜的对象，是他们的无私教导、倾囊相授，才使我不断成长。

　　感谢我的同门师兄师姐师妹，特别是陈林心师兄、涂强楠师妹、丁昕师妹……他们个个都很优秀，在学业上与他们相互探讨使我受益匪浅；感谢15级管科的同窗好友，大家互相激励、互相开导，让这段同窗求学的日子成为弥足珍贵的回忆。感谢工作单位南昌大学经济管理学院的领导和同事，在职攻读博士工作难免会有疏忽，是同事们的关心和帮助，让我在读博期间能顺利完成工作任务。

最后要感谢我亲爱的家人们，我的父母、公婆，在我忙于学业的时候是他们默默地帮我照顾一双儿女，可以说没有他们的辛勤付出我不可能顺利完成学业。感谢我的先生，对我的学业和事业一直给予最大的鼓励和支持。还要特别感谢我两个可爱的小宝贝，他们一个在我考博时出生，一个在我达到毕业要求时出生，是他们陪伴着我一同成长，也是他们让我想变得更加优秀，漫漫求学路充满了坎坷与艰辛，是他们带给我无限的欢笑与慰藉，赐予我不断前行的动力。

本书付梓之际，心怀感恩之情，叩谢所有给予我理解、支持和鼓励的人们，我从心底感谢并祝福你们！

刘文琦

2020年6月于前湖校区